日本人の9割に英語はいらない

成毛 眞

祥伝社黄金文庫

本書は、二〇一一年九月、小社より単行本『日本人の9割に英語はいらない』として発行された作品を加筆・修正し文庫化したものです。

はじめに

ご存知の方も多いと思うが、私は以前マイクロソフト日本法人の取締役を務めていた。入社した当時は、外資系の企業自体、日本ではまだ珍しかった時代である。さぞかし英語が堪能《たんのう》だったのだろうと思われるかもしれないが、実は、英語はほとんど話せなかった。マイクロソフトに入り、シアトルに出張するようになってから覚えたのである。

普通ならここで「そんな私もこれで英語を話せるようになった」と英語教材を紹介する流れになるが、そのような意図はまったくない。逆に自分の体験から、英語を勉強するのは無意味だと伝えたいのである。

今、日本では英語を社内公用語にする、小学校から英語を必修にすると、グローバル化の名のもと英語教育が進められている。学校教育もビジネスも、英語で行なう。まるで英語圏の国のようになることで、果たして本当に明るい未来が待っているのだろうか。

インドでは19世紀から高校も大学も授業はすべて英語で行なわれている。中産階級以上の人は英語のネイティブスピーカーであり、英語が話せるインド人は9000万人にも及ぶといわれている。加えて、インドの書店に置いてあるのは、ほとんどが輸入ものの洋書だという。

そう聞いて、「インドはそんなに進んでいるのか」「日本はインドに負けているではないか」と驚き、焦る人もいるかもしれない。

インドの事情に詳しい北海道大学の中島岳志《なかじまたけし》准教授によると、インド人は日本の大学では日本語で授業が行なわれていると知ると、驚くのだという。日本人の英語力の低さに驚いているのではない。日本人が母国語で自然科学や社会科学といった高度な学問を学べることに驚くのである。

インドはイギリスの植民地だった歴史がある。インド人がエリートの道を歩むには英語を学び、英語で西洋発の学問を学ぶしかなかった。

インドの公用語はヒンディー語であり、英語は準公用語である。だがヒンディー語もインド人全員が話せるわけではなく、地域によって使う言語は異なる。大学の授業をそれぞれの言語で行なうのは不可能なので、結局、英語を共通語にするしかないのである。

現在、インドでは英語偏重の教育を疑問視する声が上がっている。

「このままではインド版アントニ・ガウディは永遠に生まれない。専門教育が英語でしか提供されない環境では、他人のコピーしか作り出せない」と指摘する有識者もいる。

これはまさに日本がこれから歩もうとしている道である。

日本は明治時代に開国する前から、外国語とつきあってきた。たとえば杉田玄白《すぎたげんぱく》らはオランダ語の医学書を日本語に翻訳し、『解体新書』を完成させた。森鷗外《もりおうがい》はイギリス人のシェイクスピアを翻訳し、川島忠之助《かわしまちゅうのすけ》はフランス文学者ジュール・ヴェルヌの『新説八十日間世界一周』を翻訳した。

つまり、日本人はさまざまな外国語を日本語に置き換えて、日本語で理解するよう努めてきたのである。だから、日本人は日本中どこでも日本語で会話をし、高校でも大学でも日本語で授業を受けられ、書店で日本語の書籍を手に取るという至福のひと時を享受できる。そして日本版アントニ・ガウディともいえる人材を輩出してきたのである。

確かに英語ができればビジネスでは有利になるかもしれない。しかし一方、伝統文化やアイデンティティを損《そこ》なう危険がある。たかだか金儲《かねもう》けのために教育や思想、伝統文化を犠牲にするのだろうか。

日本人は欲を隠すのを美徳と考えているが、欧米人は欲望をむき出しにし、まだ他国の資源を支配しようと虎視眈々《こしたんたん》と狙っている。日本は欧米にさまざまな無茶を要求されても、今まで一貫して許してきた。少し寛容になりすぎたのかもしれない。迷惑をかけられても許す度量のある日本人は、欧米人より高尚で大人であり、すぐれた民族なのである。

現在、世界で起きている問題のほとんどが欧米発である。リーマンショックのせいで世界中を不況に陥れ、世界一化石燃料を消費して地球環境を破壊し、世界一戦争を起こしているのもアメリカである。

わざわざ、このような英語圏の人と同類になり下がる必要はない。英語を勉強しなければいけないという強迫観念にとらわれている人は、無批判に欧米人の考えを受け入れ、英語業界のカモ予備軍になりかけているのである。

今、日本人に必要なのは、日本という母国を深く知り、自分なりの考えをしっかりと持ち、日本語でしっかりと伝えられる〝日本人力〟である。

本当はそういう人間こそ、海外で通用するグローバルなビジネスマンなのである。

成毛《なるけ》　眞《まこと》

日本人の9割に英語はいらない　目次

第3章　本当の「学問」をしよう

第4章 日本の英語教育は日本人をダメにする 131

第5章　英会話を習うより、本を読め！

英会話では英語以上のことは学べないが、読書は世界中のさまざまな分野の知識を得られる。本章では本棚にしまってもなお興奮の余韻が残っている厳選12冊を紹介する。

第6章　それでも英語を勉強したい人へ
～成毛流英語学習法

ブックデザイン　鈴木大輔（ソウルデザイン）
編集協力　大畠利恵
著者写真　広田健一

第1章

本当に英語は必要なのか

頭の悪い人ほど英語を勉強する

これは中学校と高校における英語の年間授業時間数の合計時間である。学校によって、またいつごろ学生だったかによっても差は出ると思うが、大体これぐらいの時間は英語を勉強しているのだと参考にして欲しい。

９１０時間。

中学校1年生の授業時間数だけで比較すると、国語と数学、英語は１４０時間、理科と社会は１０５時間である（２０１２年から実施されている新学習指導要領による）。日本人は理科や社会より35時間も多く費やし、強制的に英語を学んでいるのである。

おそらく、学生時代は英語が得意だった人も大勢いるだろう。ところが社会人になったとたん、その英語はまったく役に立たないことに気がつく。それ以前に、社会人にならなくても、海外旅行に行けば学校で教わった英語は何の役にも立たないことぐらい分かる。

6年間でおよそ９００時間も英語に費やしておきながら、一体何が残るのか。

簡単な英会話すら満足にできず、簡単な英文のビジネスメールさえ書けない語学力である。

だが、日本の英語の授業は決してレベルが低いわけではない。大学の入学試験に出てくる英語の文法の問題は、アメリカ人でさえ解けないのではないかと言われている。

日本人ほど、まじめに英語に取り組んでいる国民はいないだろう。英検の受験者数は今でも毎年200万人を超えているし、TOEICも毎年160~170万人もの日本人が受験している。TOEICの受験者数は世界で年間約600万人であり、今は韓国に抜かれてしまったが、数年前まで日本の受験者が一番多かった。日本人ほど、英語の試験が好きな国民はいないかもしれない。

ところが、これだけ難しい英語を学んでいるのに、まったく英語を話せない人があまりにも多い。英会話スクールに通い、週2回ぐらい会話の訓練をすれば、役立つレベルではないにしろ、少しは話せるようになる。学校で習う英語では、なぜそのレベルにならないのだろうか。

学校英語の問題点は以下の3点に凝縮されている。

・文法を重視しすぎる
・教師の質、教え方が悪い
・クラスの人数が多すぎる

第一に、日本の英語の授業は文法が中心である。学校で現在完了進行形、過去完了進行形、未来完了進行形について学んだとき、「完了しているのに進行しているとはどういうこと?」「未来のことなのに完了しているとはどういう意味?」と頭を抱えなかっただろうか。意味を考えても理解できなければ丸暗記するしかない。

第二に、教師はそのような文法をがっちり学んできた人ばかりだから、それしか教えられない。たとえば、「私の趣味は読書です」の英訳は「My hobby is reading books.」と教えるだろう。「I like books.」「I love reading.」など状況に応じてさまざまな言い回しができるが、My hobby is～. という言い回しにこだわるのである。そしてテストで教師が望んでいる解答以外の答えを書いた場合は×になる。

第三に、大人数での語学のレッスンは実は身につかない。詳しくは第6章で述べるが、少人数制どころか先生とマンツーマンで会話するような環境でないと自分のものにはできないのである。学校は生徒の人数が一クラスで40名前後と多く、教師が読んだ例文を後に続いて読み上げるぐらいなので、身につくはずはない。

国語や数学など自分の頭で考えて結論を出す教科は得意であっても、暗記は苦手で英語の人もいる。いわば、英語は普通の科目ではいい成績を取れない人のための救済科目になっている可能性がある。得意科目を聞かれて「英語」と答える人は、自分は物覚えがいいだけのバカだと公言しているのだと自覚したほうがいいかもしれない。

こう書くと、「社会だって年号や何とかの乱を暗記するだけではないか」と反論する人もいるだろう。だから日本の社会の授業はつまらないのである。本来、歴史とは現在に至るまでのストーリーであり、起きたことの因果関係や関連性を学ぶものである。年号や事象を暗記するのは二の次である。それでも、歴史のストーリーの面白さに気づいたら、大人になってからでものめり込むし、研究するだろう。

対して、英語はどこまでいっても暗記するしかない科目である。大人になって英会話スクールに通うとしても、やはり会話の内容は暗記するしかない。英語を学んだからといって、欧米の文化や歴史に詳しくなるわけではないのである。だから英語は本当の意味での学問ではないといえる。

創造力のない人ほど英語を勉強する

挑戦的な見出しが続くので、すでに不快になっている読者もいるかもしれない。

英語を勉強すべきだと信じている英語の信者は、小学校から英語が必修化される、英語を社内公用語にする企業が増えているという情報に踊らされているのである。その情報が正しいのかどうかも検証せずに、無批判で信じ込んでいる。そのような人が今、英語を熱心に勉強している信者だといえる。

英語だけを勉強するのは、意味も分からずにお経を覚えるのと変わりはない。

仏教では仏陀《ぶっだ》の教えを理解するから救われるわけで、教えを理解せずに念仏を唱えるだけで救われれば苦労はないだろう。

教えの意味も分からずに読経《どきょう》するのは、属する団体から忠誠心を試されているからである。まわりの信者がみなスラスラとお経を唱えているのに、自分だけ経典を読みながらつっかえつっかえ唱えていたら、不勉強なように思われてしまう。熱心な信者になるには、暗記をして勉強している姿勢を見せるのが一番である。普段使わない英語を暗記するのもそれと同じである。

それでは、英語の信者は何に対する忠誠心を試されているのだろうか。

それは社会であり、企業であり、学校である。

一見、無意味で単調な作業を、いかに黙々と続けられるか。英単語や英文を暗記するのも、仕事でルーティンワークをこなすのも、根本的には同じである。求められるのはいかに効率よく、早く暗記をこなすか、作業をこなすかという能力になる。何かを生み出すクリエイティブな作業ではないのである。

単調な作業を黙ってこなすのは、組織の命令に対して服従的であり、盲目的な人である。組織にとっては何も文句を言わずに勉強する人も、仕事をする人も、隷属しているありがたい存在である。

今までの企業は歯車となる社員を求めていたのでそれでもいいが、これからの時代はサバイバルできる能力を持っていないと組織では生き残っていけない。創造力や瞬発力に長《た》け、人の意見に惑わされない自立した人でないと、どこの組織でも通用しないだろう。アベノミクス効果もあり景気が回復しているようにも思えるが、まだまだ不安な要素はたくさんある。国際情勢の変化などで一気に景気が悪いほうへ傾くこともあるだろうし、倒産する企業やリストラを断行する企業も増えていくかもしれない。

会社から放り出されたとき、英語しか勝負できるものがなかったら、転職先を見つけるのは難しいだろう。

いや、サバイバルするために英語を勉強するのだと、反論する人もいると思う。だが、企業とは勝手なもので、今は英語で騒いでいても、あと5年もすればガラリと方向転換するだろう。団塊の世代がごっそり退職すれば、会社は人材が足りなくなる。すると経営者は「英語なんてできなくていい。仕事をしながら覚えろ」と言い出すのは目に見えている。その時点になってから慌てても、もはや手遅れである。

だから、企業や学校のいいなりになってまじめに英語を勉強する必要はない。むしろ、今必要とされていない国際会計や国際法でも学んだほうが、必ず役に立つときが来るだろう。

何の必要性もないのに懸命に英語を暗記する人は、残念ながら頭がいいとはいえない。

戦後、GHQによって統治されていたときも、子供たちはチョコレートが欲しいから「Give me chocolate.」と米兵を取り巻いていたのである。必要だから覚える。それが自然であり、必要でないのに覚える人は自分のしていることの無意味さに気づいていないのだろう。

実際、「英語が得意」「英会話学校に通っている」と胸を張って自慢している人と話していると、中身は空っぽということが多い。何事にも疑問を持つという姿勢がないのである。やはり英語では人間性まで高められない。

英語は何かを表現するための手段であり、英語を習得すること自体が目的となってしまったら、薄っぺらな人間になるだけである。

何のために英語を勉強するのか

それでも英語が必要だと信じている人に、こう問いかけたい。

あなたは何のために英語を学ぶのか、と。

この問いに即答できない人は、英語を勉強しないほうがいいだろう。

英会話を学ぶ大半の人は、「会社でＴＯＥＩＣを受けるように言われているから」「海外旅行に行ったときに現地で話せるようになりたいから」「ほかに趣味もないから何となく」という理由で勉強するのだろう。いくらなんでも「教養を身につけたいから」という理由で英語を学ぶ人はいないだろうし、いたとしたら相当な〝残念な人〟である。

何度も繰り返すが、外国語＝教養ではない。語学はコミュニケーションの手段のひとつである。

大学を選ぶときも、医師を目指す人は医学部、法律家を目指す人は法学部、教師を目指す人は教育学部と、目的に合った学部を選ぶだろう。文学部だけ、職業上の目的を持たずに入る人が多い。

皆さんの周りにも、英文科卒の人はいるだろう。

大学卒業後、その人たちは英語を活かせているだろうか。

地方の場合、英語力を活かせる企業はほとんどないだろう。英語教師を目指すぐらいしか道はない。それも最近の学校ではＡＬＴ（外国語指導助手）というネイティブのスピーカーを雇う傾向があるので、日本の英文科しか卒業していない人は肩身が狭い。２０１３年から高校の英語の授業はすべて英語で行なうことになったが、こうなると英文科卒の人にとって英語の教師の道すら危うくなる。自分自身まともに英語を話せないのに、英語だけを使って授業をするのは無理だろう。

そもそも都心部でも、英文科卒で外資系の企業に入社する例はそれほど多くはない。外資系の企業に入社した英文科卒の人が、アメリカの企業に簡単な電話をかけて欲しいと上司に頼まれて、固まってしまったという話もある。普通の日本企業に就職しても、英文科卒だからと海外との取引に関係する部署にまわされたら、うろたえるだろう。誰よりも自分自身が、大学で学んだ英語では通用しないと分かっているからである。４年間学んでも、電話で簡単な英会話もできなければ、簡単なビジネスメールを書くこともできない。

それが日本の英文科の実力なのである。そういう人たちがまともな日本語の手紙を書けるのかも疑問である。

もちろん、通訳を目指したいと明確な目標を持っている人もいるだろう。だが、そういう人は日本の大学を卒業するだけでは通訳になれない現実を知っている。日本の大学に通うより、留学して現地で英語を学ぶほうが手っ取り早い。

そこで、もう一度問いたい。

あなたは何のために、「日本で」英語を勉強するのか。

「外国人の彼氏（彼女）をつくりたいから」という理由なら、明確な目的があるから勉強するのもいいだろう。ただし、英文科で学んだ知識では相手は口説けない。片言であっても相手に話しかけているうちに、何となく話は通じるものなのである。

本当に英語が必要なのは１割の人

英語を勉強しなければいけないと思っている人に対して、断言しておこう。

日本人で英語を本当に必要とする人は、たったの１割しかいない。残りの９割は勉強するだけムダである。

こう書くと、

「これだけグローバル化が進んでいるのに、英語ができなければ、途上国にビジネスで負けてしまう」

「そんなことを言う人がいるから、日本人はいつまでたっても英語ができるようにならないんだ」

など、反発する人は多いと思う。

それでは、あなたが今まで学んできた英語は、今までの人生において役立つ場面はあったのだろうか。海外旅行に行くときでさえ、ツアーガイドに頼って、ほとんど英語を使わないだろう。たまに外国人から道を尋ねられて、しどろもどろに答えて、「あー、もっとちゃんと英語を勉強しておけばよかった」と後悔するぐらいではないかと思う。

いや、それ以前に、外国人と目を合わせずに足早に立ち去ってしまう人が大半かもしれない。

ビジネスでも、海外支店へ転勤になったか、取引先が海外の企業でない限り、英語を使う場面はないだろう。国内しか支店のない企業や、国内向けのサービスしか提供していない企業では、間違いなく英語は必要ない。

この9割とは、ここ数年ビジネス書ではやっている「9割の人はうんぬん」という流れに乗っかったわけではない。きちんと計算した結果である。

ここから先、数学的な話になるので、面倒な人は結論だけ読んで欲しい。

まず、外務省の海外在留邦人統計を見てみよう。これによれば、3カ月以上外国に滞在している長期滞在者数は2009年時点で76万人。予想以上に多いと驚くかもしれない。そのうち、非英語圏である中国には12万7000人、ブラジルには6万人、ドイツには3万7000人、フランスには3万人が滞在している。

1990年の長期滞在者数は37万4000人だったから、この20年間のざっくりとした平均は年間56万7000人の日本人が海外に滞在している計算になる。

これらの長期滞在者が、平均して4年間海外に住んでいると仮定しよう。4年とは大学留学と長期赴任者を想定した年数である。4年に1度、長期滞在者の総入れ替えが起こると仮定すると、5歳から80歳までに海外に住んだことのある人は、5歳から80歳までの75年を4で割ると約19だから、先ほどの56万7000人に19をかけて、約1077万人となる。

一方、経済産業省の統計によれば、外資系企業の従業員雇用者数は2004年時点で102万人。

加えて、国内で英語を必要とするのは、外資系企業に勤務するビジネスマンだけではない。

大型ホテルの従業員も、外国人向け旅館の女将も、新幹線の車掌も英語を必要とする職業である。彼らの総数を乱暴に100万人と仮定しよう。

そうすると、海外在留経験者1077万人に外資系雇用102万人、そして上記の100万人をすべて足すと1279万人となる。

現在、日本の人口は1億2751万人である（2012年11月現在の確定値）。つまり、英語を必要とする日本人は人口の10％に相当するのである。

だから1割は英語が必要、9割は必要ない、という計算になる。

ただ困ったことに、この1割で自分には英語が必要だと自覚している人は、意外と少ない。必要ではない9割が勘違いしてせっせと勉強しているのである。

今、日本に必要なのは、国民全員が英語ペラペラになることではない。本当に必要としている1割の英語力を向上させることが、大事なのである。

英語を話せなくても罪悪感を抱くな

実は、39年前、私と同じようなことを言っていた人がいる。

「わが国の国際的地位、国情にかんがみ、わが国民の約5％が、外国語、主として英語の実際的能力をもつことがのぞましい。この目標が実現することは将来においてわが国が約600万人の英語の実用能力を保持することを意味する。その意義は、はかりしれない」

「外国語教育の現状と改革の方向」と題されたこの試案は、参議院議員平泉《ひらいずみ》渉《わたる》氏によって作成された。昭和49年4月、自民党の政務調査会に提出され、そこから日本の英語教育における大論争が巻き起こる。

まだ海外旅行さえ気軽に行けなかった時代で5％なら、グローバル社会となった今は10％というのは、改めて妥当な数字ではないかと思う。当時の日本で600万人、私が試算した1200万人はピタリと2倍に当てはまる。要は、日本で英語が必要な人数は今も昔も一部の人に過ぎないということである。

ところが、39年前にすでにそういう議論が出ていたのにもかかわらず、実際には国民全員が英語を話せることを目的とするような教育にシフトしてきている。

そもそも、なぜ国民全員が英語を話せるようにならなければいけないのだろうか。なぜ日本人が、英語を話せないことに罪悪感を抱かなければならないのだろう。追いつけ追い越せで先進国を追いかけている途上国は英語が重要だが、日本は追われる立場なのである。日本はこれから成熟を目指すべきであり、どこかの国をまねて追いかける必要などない。

2カ国語、3カ国語がペラペラのバイリンガルを優秀な人間のように崇《あが》める風潮が蔓延《まんえん》している。だが、たとえばイギリス人がスペイン語とイタリア語を話せたとしても、それほど不思議ではない。欧米の言語はアルファベットがベースになっているのだから、発音も文法も近く、習得するのにさほど苦労はしないだろう。方言を覚えるようなものだという意見もある。

ところが、日本語と英語はまったく違う。日本語では巻き舌で発音するような単語はないし、下唇を噛《か》んで発音する単語もない。文法もまったく違うのだから、習得するのに時間がかかるのは当然である。

アメリカの外務職員局が調査したデータによると、アメリカ人が習得しやすい言語はイタリア語、フランス語、スペイン語、デンマーク語など10カ国語で23〜24週、５７５〜６００時間の授業で習得できるとしている。

次に習得しやすいのはギリシャ語、ロシア語、クメール語、ベトナム語、タイ語など42カ国語。ここからアジアも入っている。

そして英語のネイティブなスピーカーにとってきわめて習得困難な言語は、アラビア語、北京《ペキン》語、広東《かんとん》語、韓国語、日本語。これらの言語は、実に88週、２２００時間もの授業を要するのである。

日本語はズールー語やタガログ語よりも習得が難しいようなので、英語と日本語は相当かけ離れた言語だと分かるだろう。

ちなみに、この調査では1週間に25時間のペースで6人以下の少人数クラスで勉強し、さらに毎日3〜4時間個人的な勉強を続けた上で習得したデータとなっている。相当みっちり勉強し、レベル3に達した段階で「習得した」と位置づけている。

次の条件にあてはまるのがレベル3である。

・充分に正しい文章構造と語彙《ごい》に基づいた発話能力を有し、たいていの実務的、社会的、専門的なトピックスに関わる会話に参加することができる。
・特定の関心事や専門分野に関して特段の苦労なく議論することができる。
・通常の速度のスピーチを完璧に理解することができる。
・ほとんど単語を探索する必要がないほど充分な数の一般的語彙を有している。
・明らかに外国人だと分かるアクセントであっても、文法はよくコントロールされ、誤りがあったとしても決して理解を妨《さまた》げることがなく、ネイティブスピーカーを混乱させることはほとんどない。

これでレベル3なら、レベル4、5はどれだけ高度な能力を求められるのだろう。日本の学校の英語教育が、このレベルに達していないのは言うまでもない。それどころか、母国語である日本語でさえ、このレベルに達していない人も実に多い。

習得が困難な言語の中でも、英語圏の人にとって厄介なのは漢字圏ではないだろうか。日本語、中国語は漢字で成り立っている。漢字は表意文字であり、アルファベットは表音文字である。日本人、中国人、韓国人は言葉が通じなくても、漢字を書けば何となく相手の言いたいことは伝わるが、アルファベットのＡＢＣだけでは意味は通じないのである。だから表音文字に慣れている人が表意文字中心の生活に慣れるのには時間がかかるし、その逆もしかり。

それでも北京語や広東語は文法的には英語と似ているので、中国語は比較的習得しやすいのではないかと思う。あまり知られていないが、中国語にもローマ字表記はあり、漢字にローマ字で振り仮名をふったりする。日本はひらがななので、この点は同じ漢字圏であっても感覚が異なる。

また、外国語を覚えるときは頭の中で自国語に変換しなければならない。語順が近いと難なく変換できるが、語順が遠いとやはり時間はかかる。日本語と韓国語は主語―目的語―述語の語順になっているので、主語―述語―目的語の英語とは違う。文法的に似ているから、韓流ファンの日本人女性は割に速く韓国語を覚えられるのだろう。

日本人だから外国語が苦手というわけではない。英語を話せないからと日本人が劣等感を抱く必要はないし、むしろ英語圏の人が習得しづらいほど、唯一の言語を使っているのだと誇りを持ってもいいのではないだろうか。

たとえば「木漏《こ も》れ日」にあたる英単語はない。英訳しようとすると、「sunbeams

streaming through leaves」「light coming through forest ceiling」のような言い回しになってしまう。

しかもこの表現では生い茂った葉と葉の間から、陽《ひ》がキラキラと差し込む光景は思い浮かばない。木漏れ日という一言で言い表した先人の感性は見事である。

日本語は、単語だけで想像をかきたてる力を持っているのである。そのような言語は、世界でもただひとつだろう。

「使える英語」をどこで使うのか？

　東南アジアを旅行してみれば、英語をペラペラと話す人が多いことに気づかされる。ベトナムに行けば英語だけではなく、日本語をよどみなく話す人も多い。

　開発途上国でさえこのレベルなのに、日本では中学から大学卒業まで10年間英語を学んでも、まともに話せるようにならない。やはり、日本の英語教育はおかしい……という結論自体は間違いではないが、それ以前に、英語を日常的に使う必要があるのかどうかを考えるべきだろう。

　たとえば人口が約９４００万人のフィリピンでは、どこに行っても英語が通じる。これはフィリピン人が特別に語学能力に長けているからではない。フィリピンでは英語を第二公用語と位置づけて、小学校から英語による授業が行なわれているからである。

　フィリピンで英語を第二公用語としているのは、経済的な理由である。海外の援助なくては成り立たない国だから、英語を使わざるを得ない。いわばゆるやかな植民地になっているようなもので、英語教育が優れているから国民がみな話せるというわけではないのである。

日本では、以前から中学から大学まで10年間英語を学んでもペラペラにならないのは、使える英語を教えてないからだとよく言われている。だが、その「使える英語」はどこで使うのだろうか？　使う場所がなければ、覚えても意味はないだろう。

広島大学英語教育研究室の調査によると、「英語を知らなくても日常生活に困らないから英語を勉強する必要はない」に賛成した高校生は、1966年は6・7％、76年11・7％、88年14・2％、96年17・4％と増えている。約8割の高校生は必要だと洗脳されているようだが、「英語、意味ないんじゃね？」と気づいている高校生も少なくはない。

英語を日常的に使っていれば上達は早いが、日本では使う場所がないので話せるようにはならない。水泳のフォームをいくら陸上で練習しても、水の中に入らないと泳げるようにはならないのと同じである。

そもそもグローバル化が進んでも、市民レベルで日本人が外国人と交流する機会が増えることなどない。外資系企業とつきあいのある私ですら、この1年で外国籍の人と交流したのは数えるほどである。外国人はおろか、九州の人とも北海道の人ともさほど交流などしていない。北関東の人とですら、ゴルフ場で言葉を交わす程度である。同じ国民同士ですら交流をもたないのに、なぜグローバル化が進むと、アメリカ人やイギリス人と交流するという発想になるのか不思議でならない。それは一部の限られた人の間での話であり、普段の生活にいきなり外国人が入り込んでくることはないだろう。

グローバル化、国際化と騒いではいるけれども、イタリアに行こうが、どこに行こうが、田舎《いなか》に行ったら観光客相手の商売をしている人以外、誰も英語など話さない。英語＝グローバル化と解釈している時点で、英語圏の人たちにいいように洗脳されているようなものである。イタリア人にしても、まれにやって来る外国人と交流するために、英会話を勉強したりはしないだろう。海外であっても、英語は必要な人だけが勉強する言語に過ぎないのである。

語学に「備え」は通用しない

備えあれば憂えなしということわざもあるように、日本人は準備を重んじる国民である。だから海外旅行に行くときも、何カ月も前にツアー会社に予約を入れ、現地のガイドブックを買い込み、下調べを入念にしてから旅に出る。「とりあえず現地に行ってみよう」などという場当たり的な旅行をする人は少数派だろう。朝から晩までぎっちりとスケジュールを組み、万が一観光名所をひとつでも見逃したら激しく後悔するに違いない。

英会話も、その延長上で学ぶ人は多いだろう。毎年海外旅行に行くのだとしても、ゴールデンウィーク、お盆休みと正月休みをあわせても年間3週間にも満たない。

その3週間のために英語を学ぶ。年間52週のうち、49週は使わない英語を学ぶのだから、準備しすぎである。

あるいは、会社が外資系に買収され、経営陣が外国人になったとする。社内で話しかけられるかもしれないので、英語を話せるようになっておかなければと、慌てて英会話スクールに通う人もいるだろう。だが、経営陣が話す相手は限られた人である。相手も日本人社員相手に英語は通じないと分かっているだろうから、通訳はつれて歩くだろう。

語学に関しては〝泥縄〟でいいのではないかと思う。

泥縄とは、泥棒を捕まえてから縄をなう、つまりことが起こってから慌てて対策を立てるという意味である。

海外支店の勤務が決まったなら、海外に行ってから慌てればいいし、もし外国人の上司が配属されることになったのだとしても、上司が来てから慌てればいい。何も起きていない段階で、「グローバル化の流れに置いていかれる！」と焦る必要はないのである。

語学にも才能はあると言われているが、確かに英語がダメだからフランス語、フランス語がダメだからロシア語と、片っ端から習ってもまったく身につかない人はいる。どんな外国語であっても、基本は発音やアクセントのつけ方、例文を覚えるなど、習うことは変わらない。暗記が中心になるので、暗記が苦手な人は覚えられないのである。

けれども、そういう人でも留学や転勤などで海外に住むことになったら、その国の言語を必死で覚える。短期間遊びに行く程度では身につかないが、しばらく現地で生活する場合は現地の言葉を話せないと生きていけない。そういう切羽詰まった状態になれば、誰でも外国語は身につくのである。

英語はペットボトルの水とは違い、備えにはならない。いつか来る大震災のためにペットボトルの水を買い置きしておくのは確かに役に立つが、英語はいつか話すであろうときのために習っておいても、ずっと覚えてはおけない。普段使わない語学は、使わないとあっという間に忘れてしまうのである。1年習ったぐらいでは備えにならず、常に学び続けておかなければならない。

語学だけを継続して5年も10年も学び続ける人などいないだろう。もしいたとしたら、よほど暇でお金が余っている人である。普通のビジネスマンは忙しいから1年間通い続けるのが精一杯だと思う。1年間でペラペラになったつもりであっても、半年も使わなければ完全に忘れてしまう。

もし覚えた英語を忘れたくないなら、ホームステイの学生を受け入れるなど、日々英語に触れる環境を作り出さなければならない。そこまで投資するほど、英語を必要とする人が果たして日本にいるのだろうか。多くの人は、英語が必要だと思い込まされているだけである。

「英語ができない日本人」というデータに騙されるな

さて、日本人の英語力は世界的に劣っていると問題視されるとき、必ずといっていいほど持ち出されるのが、ＴＯＥＦＬのデータである。

英語にあまり関心がない人にとっては、ＴＯＥＦＬとＴＯＥＩＣの区別はつかないだろう。両方ともアメリカのＥＴＳという組織が開発したテストである。要は、能力テストというビジネスなのである。

ＴＯＥＦＬは英語圏の大学や大学院に留学するとき、英語力を測るための指標とされる。ＴＯＥＩＣは外資系企業や海外に派遣される社員の英語力を測るために使われる。

１９９９年のＴＯＥＦＬの平均点のランキングによると、日本は北朝鮮と並んでアジア最下位に位置した。この結果に国内では衝撃が走り、英語教育を見直そうという気運が高まり、小学校の英語必修化の導入に至った。

その後、最下位から脱したものの、２００８年度はアジア30カ国中、27位という結果に終わっている。韓国13位、中国14位、そして22位の北朝鮮よりも下である。ほとんど鎖国状態でアメリカにやたらと難癖をつけている北朝鮮が、なぜこのテストを受けるのか疑問であるが、それはさておき、日ごろ英語コンプレックスを抱いている日本人は、韓国や中国より下と聞いた時点で、「こうしてはいられない」と焦りだすわけである。

しかし、アジア1位のシンガポールと3位のマレーシア、9位の香港はもともとイギリスの植民地だったのだから、英語ができて当然である。韓国は朝鮮戦争のときにアメリカと共に戦い、中国は清の時代にイギリスとフランスに半植民地化された歴史がある。アジアでは日本だけが欧米の植民地化、つまり英語の洗礼を受けていないのである。

アジアの中には、日本以外にも欧米に植民地化されていない国もあるではないか、という反論もあるだろう。たとえばブータンは日本よりもTOEFLのランクは上である。

ブータンは学校ではすべての授業を英語で受けることになっており、国民全員が英語を話せる。なぜ、そこまで英語が浸透しているのか。それは観光業を国の主な収入源としているからである。観光で生活していくために母国語より英語を優先しているのであり、「国民全員が英語を話せるからレベルが高い」などと表面的なとらえ方をしては本質的な部分を見落としてしまう。母国語より外国語を優先しないと生き残れない国が、果たして幸福なのだろうか。

中国にしても、英語を話せるのは都市部に住んでいる人間だけで、農村地帯の住民は英語教育を受けていない。国民全員が英語教育を満遍なく受けている日本とは状況がまったく違う。そもそも中国の非識字率は今でも増え続け、2000年から2005年の間に3000万人増え、2005年末時点で1億1600万人に達し、世界の非識字率の11・3%を占めている。英語ができる・できない以前に大きな問題を抱えている国なのである。

中国は文化大革命のころは同じ社会主義国家として、ロシア語一辺倒だった。70年代初期には日中国交正常化に伴い、日本語ブームも起きている。英語は80年代に入るころから教育の現場で教えるようになったので、割と最近の話である。そのときの国政によって導入する言語が変わるだけで、英語が優れていると考えているわけではない。

そもそも中国や韓国のエリートが英語を必死に習得するのは、自国より欧米の生活のほうが明らかに水準は上だからだろう。国を抜け出したいから英語を勉強するのである。

自国の産業を持ち、国民がみな一定の生活レベルを保っている日本では、海外に飛び出さなくても自国で幸せに生きていける。英語ができないのは、幸福な国の証《あかし》でもあるのではないだろうか。

日本人は英語に対してお人よしすぎる

日本人は、世界の中で日本人だけ英語ができないようなイメージを植えつけられてしまっているが、同じように英語のできない民族がいる。それはフランス人である。

フランス人は英語を嫌うという話は、皆さんも聞いたことがあるだろう。英語を嫌うという以前に、母国語を強烈に愛し、母国語を守る重要性を認識しているのだと思う。

2006年、フランスのシラク元大統領がEU首脳会議中に、フランス人のセリエ欧州経営機関会長が英語でスピーチを始めたのに憤慨し、途中で退出してしまったというエピソードがある。

その後で、シラクはこう発言した。

「明日の世界が、英語が唯一の言葉、すなわち唯一の文化という前提の上に築かれることはない」

まったくその通りである。

英語を母国語としない人が、自国にいながら易々《やすやす》と他国の言語を受け入れるのは、想像以上に危険な行為である。言語を受け入れたら、文化も受け入れることになる。フランス人は自分の国の文化が世界一だと考えている誇り高き民族なので、他国の文化をそう易々とは受け入れない。

たとえばアメリカはマクドナルドとハリウッド映画により、世界中を洗脳しようとしている。日本のようにハリウッド映画も、マクドナルドもスターバックスもすんなりと受け入れる国は珍しく、これらのアメリカ資本の店が欧州に進出しようとすると、現地では必ずといっていいほど反対運動が起きる。結果的に出店したとしても、「人間味のない空間は実に北米的だ」と頑《かたく》なに利用を拒む人も多い。日本はむしろ出店を喜んでいるぐらいだから、すでにアメリカ文化に染まりきって半ば植民地化しているのである。

これで言語まで完璧に英語に染まってしまったら、完全に植民地である。それが分かっているから、フランス人をはじめ、欧州の人々はアメリカナイズされるのを警戒しているのである。

中には、日本に何十年も住みながら、日本語を一切使わないのをプライドのようにしているアメリカ人もいる。

だから日本人も堂々と英語を拒否すればいい。日本にいるときに英語で話しかけられても、仕方なくジャパニーズ・イングリッシュで返してあげるぐらいで丁度いいだろう。答えられなくて罪悪感を抱く必要はないし、英語の発音が悪いからと顔を赤らめる必要もない。ここは日本なのだから、相手が合わせるべきなのである。

実際には、フランス人も若い世代は英語を話せる人が多いらしい。ただし、訛《なま》りがひどくて、たどたどしい英語を話す。その点は、日本人と変わらないのである。日本人と違うのは、フランス人は英語の発音が悪くても気にせず、しかも英語を平気でフランス語読みするという点である。たとえばHarry Potter（ハリー・ポッター）はアリー・ポテール、Charles Chaplin（チャーリー・チャップリン）にいたってはシャルル・シャプランと、まったく別人になっている。他国語を自分たちの言語に置き換えてしまい、「だってフランス人なんだから、英語ができなくて当たり前だろ？」と堂々としているのがフランス人なのである。

やはり、日本人はお人よしすぎる。言語でうろたえる前に、本当はうろたえるべきことがある。それは、他国の文化を無批判で受け入れてしまうという姿勢であり、その自覚がないのは恥ずべきことなのである。

今に限らず、日本は明治時代から文明開化に伴い、一気に欧米化が進んだではないか、という反論もあるだろうが、当時は無批判で受け入れたわけではない。

『The Book of Virtues』という本を知っているだろうか。これは道徳の副読本であり、欧米で３０００万部も発行され、アメリカでは聖書に次ぐベストセラーだとも言われている。

明治時代は鹿鳴館《ろくめいかん》に象徴されるように、急速に欧米文化を取り入れて洋学が重んじられた。一方、自国の伝統的な歴史や道徳などの教育をないがしろにする傾向があったので、明治天皇をはじめ、学者たちは危機感を募らせ、徳育の振興が重要だと判断した。徳育の普及のために発布されたのが「教育勅語」である。

教育勅語と聞くだけで拒否反応を示す人たちもいるが、きわめてまっとうなことを、まっとうに書いている書である。

両親に感謝しよう、兄弟と仲良く励ましあおう、夫婦は二人で助けあおう、友達とは信じあおう、いつも思いやりの心を持とう、と我々が小学校で学んだような教えが書いてある。

さらに、一人前になったら公＝世のため人のために働こう、国家の平和が脅かされるようなことになったら愛する祖国と同胞を守るために覚悟を決めて力を尽くそう、それが国運を永らえるのだと説いている。ヒステリックな人たちはこのあたりが気に入らないのだろうが、要は「この国でどう生きていくべきなのか」を示した指針であり、過激な発想でも何でもない。ほかの国でもこれぐらいのことは当然教育しているだろう。

その証拠に、教育勅語は戦前に世界的なベストセラーとなり、英語、ドイツ語、フランス語、中国語などに訳されて世界各国に広まった。アメリカでは戦後も高く評価された。アメリカの学校は60年代に行き過ぎた自由主義から暴力や麻薬などがはびこり、荒廃していた。それに危機感を抱いたレーガン元大統領が道徳教育の改革を図り、そのときに手本としたのが日本の教育勅語だったのである。

『The Book of Virtues』はその教育勅語をもとに作られた道徳の本である。

ドイツではベルリンの壁が崩壊するまで教育勅語を教育理念として掲げていたようだし、日本人が忘れた日本人の心は、海外で根付いているのである。

だから、安易にアメリカに染まっている場合ではない。自分の国の優れた部分を見つけ、それを世界に向かってアピールするほうが海外で通用する真の国際人になれるのである。

英会話スクールのカモになるな

ここまでの項目を読んでも、なお釈然としない人は多いだろう。

それは英会話産業に毒されているからである。テレビをつければ英会話スクールのCM、雑誌では日本人がいかに英語ができないのかという特集記事、電車の中吊り広告でも英会話ができないとどれだけ困るのかを煽《あお》っている。英語ができないと、世界で生き残れないような錯覚を日々植えつけられているのである。それも、たいていは英語が必要ではない９割が錯覚を起こしている。

英語が必要ではない９割の人が英語は必要だと思い込むことで、英会話スクールや英会話の教材を売っている企業は儲けている。加えて、学校の英語の教師もそうだろう。英語が必要だと生徒に思ってもらわないと、自分の食い扶持《ぶち》はなくなってしまう。

私は本気で、英語が上達する一番の方法は英語圏の国に行くことだと考えている。留学前に英会話を勉強する必要もないだろう。

英会話スクールは日常英会話を教えるのがきわめて下手である。英会話スクールの講師は、日常会話で使われる単語やセンテンスを覚えさせず、英語で会話をしているフリをさせているだけである。

だから英会話スクールに通い、教室ではそこそこしゃべれるような気になったものの、新婚旅行でハワイに行きレストランのウエイターに"How was the dinner?"と聞かれただけで固まってしまう。メニューを出されても読むことすらできない。日本の英会話スクールで教えているのは、現地では通用しない「使えない英語」なのである。

たとえば、ネイティブがよく口にする"I like that."。

日本語に直訳すると「私はそれが好きだ」という意味になるが、これはいろいろな場面で使える、非常に便利な言葉である。誰かの意見や料理に対してコメントするときなど、"I like that."と一言言えば、賛成し、好意的に思っていることが相手に伝わる。

ところが日本ではこうした言葉を教えないので、「私もそう思う」というときには、"I have sympathy with your idea."などと、かしこまった言い方をしてしまう。これでは、「いいね!」という感情は伝わらない。アメリカ人もイギリス人も、そのような面倒な言い方は絶対にしない。"I like that."とさらりと言って終わりである。

コミュニケーションツールとして英語を習得させたいのであれば、現地で日常的に使われている会話を教えないと意味がないだろう。

そもそも、英会話スクールの講師の質は疑わしい。英会話スクールの外国人講師は英語はペラペラかもしれないが、教師としてプロというわけではないのである。だから芸術系や体育系の学部を卒業した講師が教えることもある。ワーキング・ホリデーを利用してやってきた、高卒の講師もいるらしい。子供相手ならうまくごまかせるだろうが、大人が「the と a の使い分けがよく分かりません」と質問したとき、相手が納得できるように説明できるのだろうか。

日本語を理解できない講師が日本人にうまく教えられるとは、到底思えない。簡単な挨《あい》拶《さつ》程度の英語ならいいが、文法を教えるときは英語でも日本語でも難しいだろう。やはり言葉を話せるのと教えるのとは違う。

ネイティブの講師に教わるより、留学経験のない日本人講師に教わるほうが理解できた、という話もあるぐらいである。外国語を教えるには、その国の母国語を理解し、さらに文化やコミュニケーションの違いも理解しないと教えきれないだろう。

『英語教育大論争』（平泉渉＋渡部《わたなべ》昇一《しょういち》）という本に面白いエピソードが出てくる。明治時代、熊本の高校でアメリカの大学を出た先生たちが英語を教えていた。ところが、学生たちにとってはアメリカ帰りの先生の発音は参考になっても、英文の解釈はよく分からなかった。生徒が疑問を投げかけても先生たちはまともに答えられず、次第に「アメリカ帰りの先生はダメだ」という評判が定着してしまった。

そこにやってきたのが、日本の大学を出た若い先生である。この先生は和訳に関しては厳しく、生徒の訳が間違っていると「フン、中学からやり直すんだな」と嘲笑《ちょうしょう》した。頭にきた生徒たちは何とか先生をやり込めようとするが、まったく歯が立たない。授業の説明もひじょうに分かりやすかったので、最終的には生徒たちから尊敬を勝ち得たという。

この若い先生は夏目漱石《なつめそうせき》である。まだイギリスに留学する前の話であり、イギリスに行ってからも英会話が上達したわけではなかったらしい。

漱石は「I love you.」を「我、汝を愛す」と訳した学生に対し、「こういうときは『月がキレイですね』と訳すものだ」と諭したというエピソードもあるように、英語を日本語に意訳する能力に長けていたのだろう。ちなみに、二葉亭四迷《ふたばていしめい》の和訳、「わたし、死んでもいいわ」もなかなかの名訳である。

これは漱石がロマンチストだったからではなく、loveの意味が欧米と日本とでは違うと肌感覚で分かっていたからだろう。日本では『源氏物語』など恋愛をテーマにした文学は平安時代からあったものの、「愛」という概念はなかった。明治時代に詩人の北村透谷《きたむらとうこく》が西洋発の恋愛至上主義を推奨したあたりから、love は愛と訳されるようになった。

だが、日本人の愛と、欧米人の愛は概念が違う。

愛は元々キリスト教から生じた概念である。欧米人は家族や友人に対しても I love you と自然に言うが、これは「あなたを大切に思っている」という意味である。日本人のように恋愛の場でだけ使う言葉ではないのである。アメリカの映画やドラマを観ていれば分かるが、アメリカ人はそう滅多に、恋人には I love you を言わない。深くつき合っているカップルでさえ、どちらかが I love you をうっかり言ったとたん相手が動揺する、という場面がしょっちゅう出てくる。恋人には love よりも like を使うので、アメリカ人男性はしょっちゅう I love you を言うというのは間違いである。

日本人と欧米人の考えている愛は違うが、それを言葉の違いだけでとらえるのは難しい。哲学や宗教、歴史など、深い部分をとらえられないと理解できないだろう。

それを英会話スクールで教えることなどできない。現地に行って現地の人と接して体感するしかないだろう。もしくは、英会話スクールに通うより、その国の歴史の本でも読んだほうがよほど役に立つ。言い回しを覚えるより、歴史を覚えたほうが、本当の意味でその国を理解できるのである。

早期英語教育は無意味である

２０１１年4月から、とうとう小学校５・６年生で英語が必修となった。

実際にはその前から英語活動を始めている学校が多く、ベネッセコーポレーションの調査によると、２０１０年の時点で何らかの形で外国語活動を実施している学校は99・６％、すなわちほぼ１００％に達しているのである。中には算数や理科も英語で授業をするというわけの分からない小学校まである。これでは、もはや植民地の学校ではないか。

小学校の英語学習も非常に中途半端で、年間の平均授業時間数は低学年で６・８時間、中学年は11・９時間、高学年は33・１時間しかないのである。必修化されてからも英語の年間の授業時間数は35時間であり、道徳の授業時間数と変わらない。たった35時間のためになぜ必修化するのだろうか。

小学校で子供たちに教えるのは担任の先生とＡＬＴ（外国語指導助手）である。教える内容といえば、挨拶やゲーム、歌といった他愛のないものがメインで、後は発音練習や会話の練習などになるらしい。ちなみに、この段階では英語での読み書きはほとんどしない。

この程度の学習で、英語がペラペラになるはずはない。導入に踏み切った文部科学省もそれぐらいのことは分かりきっているだろう。

おそらく次に議論となるのは、この時間数では足りないからもっと増やすか、さらに前倒しして低学年から必修化するか、という意見になるだろう。

韓国では小学校3年生から週2時間英語の授業があり、中国も北京や上海などの大都市ではやはり小学校3年生から英語の授業がある。もうすでに、日本はこのままでは中国や韓国に負ける、日本ももっと早くから始めなければならない、という声が出ている。

だが、早く英語を始めることに何の意味があるのだろうか。

最近は、3歳かそこらで子供向けの英語教室に通わせている親もいる。そして、「RとLの発音がきれい！」と感激しているのである。

早期英語教育の何が問題なのか。それは英語の「発音」という点しか重視していないのが問題なのである。

日本人の「英語がペラペラ」とは、発音がネイティブに近いという意味である。ネイティブ並みの発音で話していればそれだけで英語が堪能《たんのう》だと思われるので、話す内容が中学校の教科書レベルの簡単なことであっても、「おお、すごい」と感心するだろう。この程度の英語力で海外に行っても、挨拶ぐらいしか交わせないのは言うまでもない。

そもそも、母国語がしっかりできていれば、何歳で学んでも外国語は習得できる。20歳を過ぎてからの語学は、いつスタートしても同じだろう。英語に限らず、どの国の言葉でも同じである。

ここまで読んで、まるで私が「学校から英語をなくせ」と言っているように思うかもしれないが、決してそういうわけではない。約1割の人には英語は必要であり、その人たちのためにも基礎的な英語を中学校で学んでおくのは、ムダにはならないだろう。その経験から英語に興味を持ち、通訳を目指す人もいるかもしれない。

私は英語だけを勉強しても意味はないと言いたいのである。世の中には日本語とは違った言語があるのを知ることは重要であるし、世界を理解する一端にもなる。ただし、必死になって詰め込む学問ではないので試験をする必要はないだろうし、受験にも必要ない科目ではないかと思う。

英語はほかの科目より優先されるべき科目ではない。それこそ1割程度の力で取り組めば十分だろう。

自信がないなら通訳を雇えばいい

このタイトルですでに結論は出てしまっているが、英語を話せないと悩んでいるぐらいなら、通訳を雇えばいいというシンプルな話である。

通訳を雇うのは政治家や経済界の重鎮など、限られた人の話だと思っているかもしれないが、日本在住の外国人で日本語も英語も堪能な人は多いのだから、気軽に頼めばいいだろう。

2010年、トヨタが大規模リコール問題でアメリカで大バッシングされたとき、豊田《とよだ》章男《あきお》社長が公聴会に出席することになった。このとき、豊田氏は通訳をつけた。豊田氏はアメリカの大学でMBAを取得したという経歴の持ち主なので、当初は英語で答弁するのではないかと思われていたが、通訳をつけることを選んだ。これには理由があり、公聴会のようなデリケートな場でつたない英語で受け答えをしたら、揚げ足をとられて不利になる恐れがある。中途半端な英語力だと質問の意図を汲《く》み取れない場合もあるので、英語が堪能な通訳に任せて正解なのである。

その証拠に、豊田氏は記者会見で記者から英語で話すよう促され、ジャパニーズ・イングリッシュで話したところ、ニューヨークタイムズ紙に「He added in broken English」と書かれてしまった。broken English は文法や発音などで誤りの多い、でたらめな英語という意味なので、さんざんな評価である。実際、豊田氏は発音も怪しいし、相当文法も間違っていた。それでも意味は通じるが、公聴会というさらし者になるような場でその程度の英語力で臨むのは、丸腰で戦場に出るようなものである。通訳を介したことに批判的な意見も多かったが、プライドを捨てて慎重な戦略を選んだのは企業のトップとして賢明な判断だったといえる。

ニューヨーク・ヤンキースのイチロー選手はアメリカに渡って12年ぐらいになるが、インタビューでは通訳をつけ、英語で質問されても必ず日本語で返している。本当はチームメイトと英語で談笑するぐらい日常会話は上達し、発音も流暢《りゅうちょう》なようだが、微妙なニュアンスを伝えきれないので通訳を雇っているのである。

イチローは言葉の表現にかなりこだわるタイプで、「今日はいいヒットが出たね」と話しかけられたら、「出たんじゃなくて、出したんです」と即座に答えるという。普通の選手なら、「そうですね」とにこやかに答える場面である。日本語でも妥協しないのだから、英語で自分の伝えたいことを正確に伝えられるとは思っていないのだろう。

イチローの妻は英語が堪能な元アナウンサーだし、自分で英語を習得するより、英語ができる妻を一緒に連れていくほうが早いと判断したのかもしれない。メジャーリーグには英語を話しに行くのではなく、野球をしに行くのだから、最大限野球に集中できる環境を整えるのはプロとして当然の姿勢である。

つまり、何をしに海外に行くのかという目的が重要なのである。

英語を話したくて海外に行く人はいないだろう。ビジネスで行くのなら英会話ができないと頭を悩ませるだけムダであり、通訳を雇って自分は仕事の内容に集中したほうがいい。

おそらく、中国やアフリカに行くときはためらいなく通訳を雇うだろう。それと同じで、英語も海外の言語のひとつに過ぎない。できないからとうろたえるのではなく、自分のできることで勝負をすればいいのである。

1割の人は英語を勉強せよ

さて、ここまで英語は必要ではないと説いてきた。それは9割の大多数の人に対してムダに時間を使うなと言いたいのであり、1割の人にとってはきちんと学ぶべき言語であることには変わりはない。

外資系企業に勤務するビジネスマンのほか、ホテルの従業員、デパートの店員、外国人観光客向けの店の店員は英語を話せるほうが断然有利である。研究者や医師も英語ができないと海外の論文を読みこなせないだろう。

世界遺産に登録された熊野《くまの》は、今世界中から観光客が押し寄せている。熊野のある和歌山県は数年前から英語で案内するガイドを養成し、国際観光地にしようと躍起になっている。現地の旅館やホテルは英語表記の張り紙をしたり、簡単な英会話を学んだりと真剣である。熊野本宮大社の神職や巫女《みこ》まで英語の研修を受けているのだから、こういう場では英語ができる＝商機なのである。いち早く英語を習得した人は明らかに有利になるので、日本語しか話せないと完全に出遅れるだろう。

ハイヤーの運転手も英語ができると普通のハイヤーの運転手に比べて年収が200万円

はアップするだろうし、英語力を付加価値にできる職業は確かにある。

ただし、必要な英語と必要ではない英語がある。観光客としてやってくる外国人から尋ねられることといえば、「I'm lost. Where am I now?」「How long does it take to go to Tokyo Station?」などのように、大体決まっているだろう。要は、自分が海外に行ったときに何に疑問を持ち、何に困るのかを考え、それに対する答えを英語で覚えておけばいいのである。

無理に世間話をする必要はないし、政治や宗教の話などはうかつに触れると地雷を踏むようなものだから厳禁である。日経新聞を読まない旅館の人がThe Economistを読む必要もなければ、派出所の警察官がシェークスピアの原典を愛読する必要もない。旅館の人は旅館で使われる限定的な英語を覚え、派出所の警官は警戒をしていればいいのである。

英語と同様に覚えておかなければならないのは、歴史や文化である。

外国人といると、「なぜ鳥居は赤いのか」「神社とお寺の違いは？」など、日本人であっても答えられないような質問を頻繁に投げかけられる。たとえつたない英語でも、その場で説明できれば尊敬されるだろうが、「I don't know.」を連発していたら「自分の国の文化を何も知らないのか」と呆《あき》れられてしまう。

英語以上に、自国の歴史や文化を知っているほうが重要なのである。知っていれば、英語ができなくても日本語とボディランゲージで何とか伝えられるが、知識がないと何も伝えられない。自分の国で商売しようとしているのに、自国の文化や歴史の知識がまったくないほうが問題なのである。

だから英語が必要な1割の人も、英語だけできればいいというものではない。英語は必要条件ではなく、ほかの目的で使うための手段のひとつなのである。

第2章

英語を社内公用語にしてはいけない

楽天とユニクロに惑わされるな

やはり、出てきたか。

2011年6月、インターネット専業広告代理店の最大手であるサイバーエージェントが全社員に英語教材を導入したと報じられた。その記事を読んだときの感想が、冒頭の「やはり、出てきたか」である。

英語を社内公用語にすると宣言した楽天とファーストリテイリングに続くベンチャー企業は続々と出てくるだろうと予測していたのだが、やはり追随する企業が出てきた。サイバーエージェントの藤田《ふじた》晋《すすむ》社長はブログで、社員全員(約1000名)に英語教材を配った様子を報告している。今ごろ、英語教材を売った企業はホクホクしているだろう。

私は以前外資系企業に勤めていて、ベンチャー企業を立ち上げたが、英語を社内公用語にすることなどあり得ない。今までも、これからも社内では日本語が公用語である。社員は日本人だけなのだから、英語を使う必要性はまったくない。

楽天もユニクロも、これから海外に打って出ようという算段であるのはよく分かる。楽天の会長兼社長である三木谷《みきたに》浩史《ひろし》氏は、「いきなり明日から英語をしゃべれというのは無理な話なので、2年間の猶予を与える。2年後に英語ができない執行役員はみんなクビ」と宣言した。私が執行役員なら、早々に見切りをつけて逃げ出すだろう。

すでに報道されているが、楽天は社員食堂のメニューもすべて英語となり、食堂の職員は英訳に頭を悩ませているという。ブリの塩焼きはSalt-broiled yellowtail、コーンビーフと里芋のこってり煮がSimmered corned beef and taro。うどんはUdonのままらしい。社員は英語のメニューの前で考え込んでいるらしいが、私もその場にいたら考え込むだろう。これでは何の料理なのかさっぱり分からないではないか。おそらく外国人が読んでも、何のメニューか分からずに首をひねるだろう。

このようなことに時間をかけるのはムダだと分からないのが不思議である。資料も英語で作成し、会議では日本人同士がつたない英語で話し合っているらしい。これでは会議で活発な議論など交わされないだろう。英語で資料を作成するなど、普段の業務で手一杯の社員にどれだけ負荷がかかっているのだろう。

ツイッターでは楽天社員だと思われる人が、「『重要なことなので日本語で失礼します』という言葉が流行ってきた」とつぶやき、ネットではちょっとした騒ぎになっていた。これが本当のことなら、最高のギャグだと思う。

ユニクロを展開するファーストリテイリングは、外国人の採用を2010年度は全世界で300人、2011年度は700人、2012年度は1050人と徐々に増やしている。店長以上の役職にある社員は今後、国籍に関係なく世界中の店舗に赴任することになるので、英語の社内公用語化を実施するらしい。

しかし、それなら店長以上が英語を学べばいいではないか。

幹部社員はともかく、一般社員にまで社内で英語を使わせることに、何の意味があるのだろう。おそらく、海外赴任を経験しないまま会社人生を終える社員が大半である。なぜそんな社員まで社内で英語を使わなければならないのか、まるで拷問のような企画である。年に1回しか乗らないのに、マイカーを買うのと同じぐらいムダな行為である。

仮に母国語以外の言語を使うことによってグローバル化が達成できるのであれば、英語ではなく、中国語でもアラビア語でもいいだろう。実際に楽天もユニクロも中国に進出しているのだから、英語よりも中国語を話せたほうが商談はスムーズに進む。そのうえ中国人は世界で一番人口が多い。グローバル化を求めるのであれば、中国語を学ぶほうがまだ理解できる。

シラク元大統領が言ったように、英語が唯一の言葉ではない。

英語さえ覚えておけば世界のどこに行っても通用するのだと思っているのだとしたら、浅はかな考えである。世界にはさまざまな言語があり、さまざまな文化がある。英語ができれば現地に溶け込めるわけでは決してない。多様な文化や価値観を理解するのが、本当の意味でのグローバル化だといえよう。英語だけできても、真の国際化を実現できるわけではないのである。

「チョドメ企業」の愚かな選択

楽天が社内でどのような取り組みをしているのか報道を目にするたび、「救いようがないな」と呆れるばかりである。

楽天は社員証もローマ字で表記しており、ローマ字だと名前が覚えづらいので、ニックネームで呼び合っているのだという。三木谷氏が「海外では職場でもニックネームで呼び合う」と紹介してから導入されたようだが、ジョンやスティーブンなど、本名とはまったく関係ないニックネームをつけている人もいるのだから、噴飯《ふんぱん》ものである。ちなみに三木谷氏のニックネームはミックだといわれている。

ローマ字だと名前が覚えづらいのは当然である。日本人は漢字表記の名前なのだから、「ヤマダ」と聞いたら頭の中では「山田」と漢字に変換される。「YAMADA」とは変換されないのである。

これではまるで返還前の香港である。イギリスの植民地だった香港では、学校の英語の先生はイギリス人やアメリカ人であり、生徒は先生から英語名をつけられて呼ばれていたという。今でも香港人は中国語名と英語名の両方を持つ。ジャッキー・チェンも香港名は

「成龍」であり、チャン・ロンと読む。ブルース・リー、トニー・レオン、アグネス・チャンも英語名である。これは植民地だったという名残であり、決して喜ばしいことではない。

名前まで変えてしまうのは、もはや日本人であるのを捨ててしまうのと同じである。最近は子供に英語風の名前をつける親が多い。花紗鈴→キャサリン、寿里絵都→ジュリエットなど、親のセンスを「正気か？」と疑いたくなる名前の子供が本当にいる。無理やり漢字を当てはめている名前は、暴走万葉仮名やキラキラネームと呼ばれている。最近はキラキラネームの学生は就職先がなかなか決まらないという話もあり、親がつけた名前によって子供は一生苦労することになるのである。

そうまでして外国人の生活を送りたいのなら海外に移住すればいいだろう。日本にいながらそこまで外国人になりきろうとするのが、私には理解できない。黄色い肌をして黒い髪・黒い目の日本人が「ハーイ、ジョン」と気さくに話しかけるのは滑稽である。いまだに黒人の真似をして腰パン姿の若者をたまに見かけるが、日本人に似合うわけがない。形だけ外国人の真似をするのは国際的な恥さらしなのだと早く気づくべきだろう。外国人が芸者の真似をするぐらい違和感がある。

結局、楽天やファーストリテイリングは超ドメスティック（家庭的）企業、略してチョドメ企業なのである。今まで国内でぬくぬくと活動していた企業が、グローバル化だ、国際化だといった煽りを鵜呑《うの》みにし、慌てて外に出て行こうと体裁を整えている。そのようにしか私には映らない。海外で事業を展開するのには賛成だが、国内まで海外仕様にする必要はないのである。

ファーストリテイリングでは、半年に1回ＴＯＥＩＣを受け、７００点以上を取れるまで続けなければならないことになっている。大手英会話スクールと契約し、社員は電話や自宅のパソコンでレッスンを受けるのだという。

もったいない話である。

20代・30代は仕事で覚えなければならないことが山ほどあるのに、英語の勉強に時間を取られたら、肝心の仕事に集中できない。仕事の段取り、社内や社外の調整、自社の商品やサービスに関する情報、市場の動向、販売やＰＲの戦略やテクニック、企画の作成など、この時期に身につけられなかったら、生涯仕事ができないビジネスマンのまま終わってしまう。ビジネスマンとして、基礎体力をつけなければならない時期に英語にかじりついている暇はないのである。

もし英語を社内公用語にすると決まっても、それには染まらないほうがいいだろう。ただし一人で日本語を通すのは難しいだろうから、英単語を並べるだけの片言の英語を話せば十分である。ＴＯＥＩＣの目標点数が決められているのだとしても、適当に受けて、やるだけのことはやったという姿勢をアピールしておけばいい。点数に満たないからといって企業は簡単にはクビにできないから安心して欲しい。日本の法律では、安易に社員を解雇したら裁判で負けるようになっている。

ほかの社員が英語の勉強で振り回されていても、涼しい顔をして好きな本でも読んでいればいい。そのほうが、５年後には確実にほかの社員よりも仕事ができるようになっているので、有利になる。

ちなみに、英会話教室Ｇａｂａが２０１０年８月に行なった調査では次のような結果が出た。

「自社の公用語が英語になる可能性を感じているか」という質問に対し、「感じている」と回答した人は１割程度。「もし公用語が英語になった場合、勉強する方法は」という質問に対しては、「英会話スクールに通う」と回答した人が４割以上、「教材購入での勉強」「テレビの英会話番組での勉強」と続き、２割近くの人が「転職を検討」と回答。

転職を検討すると答えた2割の人は正常な判断である。英語を学ぶために仕事をするわけではないのだから、無意味なことに時間を費やすより、有意義な仕事ができる企業を探すほうが賢明だろう。

自分の生き方を会社に決めさせてはいけない。骨の髄まで会社に染まってしまえば、心まで奴隷になっているのと同じである。

英語ができても自分の付加価値にはならない

5年前に大学を卒業した私の娘は、現在日本の総合商社で働いている。娘が内定をもらった際、本採用の条件として、簿記3級の資格を取得し、TOEICで780点以上を取るよう命じられたという。

簿記は勉強して損はない。だが、英語はわざわざ勉強する必要はないので、私はTOEICは最低ラインでクリアすればよしとして、娘にゴルフを教えた。誤解しないで欲しいが、ゴルフ場で英会話のレッスンをしたわけではない。単純にゴルフを教えたのである。

一人前にゴルフができるようになった娘は、入社当初から、毎週のようにゴルフに出かけている。もちろん取引先の接待であり、仕事として行っているのである。配属された課には娘以外にゴルフをやる人がいないので、新入社員時代から社内外でコンペがあると駆り出されている。

会社の上司や取引先のお偉い方々と一日中一緒にコースを回るわけだから、顔を覚えられないわけがない。娘がもし男だったら、この先スピード出世することになっただろう。

律儀にTOEICに向けて勉強しているより、ゴルフを身につけたほうがビジネスという実践の場では役立つのである。

娘の会社では、入社してすぐに英語の学力判定テストを受けさせ、高得点を取った社員を1年目から1年間留学させるという制度があるらしい。同期の多くは、留学を目指して高得点を狙ったようだ。会社のお金で留学し、英語がペラペラになって戻ってきたら転職するなど、目的はそれぞれあるのだろう。

一方、私の娘は「留学なんかしたくない」「なんとかして点数を低くしたい」とぼやいていた。娘にとって英語を勉強して留学するなど、時間のムダ遣いに過ぎないと思っているのである。留学したところで、英語が話せるようになるだけ。一番仕事を覚えられる時期に、英語を勉強するためだけに仕事から離れるなど考えられないのである。

そういうわけで、入社して3年目くらいまでは、娘は英語ができなくて相当困っていたらしい。穀物のトレーディングを担当しているのだが、海外の支店からかかってくる電話も、穀物を輸送する船との通信もすべて英語である。

だが、娘は知っているのだ。10年もすれば英語をペラペラに話せるようになることを。泣きたくなるほど社内で英語を聞いていて、10年経っても話せないということなどあり得ない。わざわざ勉強しなくても、自然と身につくのである。

娘の場合、留学などをするより、穀物のトレーディングやディーリングを覚えるほうが、仕事では確実に役立つ。穀物のトレーディングをする人間は日本に数百人しかいないが、英語を話せる人間は山ほどいる。どちらが自分にとっての付加価値になるのか、考えてみるまでもないだろう。

それでももし語学を学びたいなら、マイナーな言語を覚えるほうがまだ付加価値になる。アラビア語やポルトガル語など、学ぶ人がほとんどいない言語なら、それを強みにできる。大勢が学ぶ言語は特技にはならないが、マイナーな言語なら通訳や翻訳の仕事が舞い込むかもしれない。誰もやらないことにこそ、成功の芽が隠れているのである。

英語ができても、バカはやっぱりバカである

そもそも「英語ができる人は優秀だ」という思い込みは、いつから生まれたのだろうか。

少し英語を話せると、「すごい、○○さんって、英語ができるんですね」と尊敬のまなざしで見られる。この思い込みは、英語圏に住んでいる人はすべて優秀だと信じているのと同じぐらい愚かな発想である。

おそらく、私も含め、外資系企業のトップの経験者で「英語ができる人は優秀」などと思っている人はいない。これも、アメリカの企業で「英語ができる人は優秀ですか？」と聞くのと同じぐらい間抜けな発想である。「英語ができて当たり前」とも思っていない。だから就職のときの面接で、帰国子女だ、TOEICで何点取ったとアピールされても、聞き流すだろう。

英語は、コミュニケーションの道具に過ぎない。

日本人が日本語を話すように、英語圏に住んでいる人は英語を話す。ただそれだけの話である。

問題は道具の使い方よりも、話の中身なのである。

ネイティブ並みの発音ができる人が自信満々で海外に渡り、ビジネスの交渉をしたとする。最初の挨拶は完璧だろう。名刺交換の後に交わすスモール・トークも「How was the flight?（空の旅はいかがでしたか？）」「It was good. I had a good flight.（よかったですよ。いいフライトでした）」、「How's your business going on?（仕事のほうはいかがですか？）」「Very busy, but everything's all right, thank you.（とても忙しいですが、順調です）」など、例文を覚えておけば何とかしのげる。

だが、雑談をしている折に、「日本はなんで頻繁に首相が交代するんですか。また交代しましたよね」と聞かれたとき、答えられるだろうか。「I don't know……」などと沈黙したら、興醒《きょうざ》めもいいところである。

この問いに対する模範解答はなく、人によって答えは違うだろう。答えが正しいか・正しくないかはさして大きな問題ではない。自分なりの考えを伝えられるかどうかが問題なのである。これは英文を暗記していても対応できないことぐらい、さすがに皆さんも分かるだろう。

ここで「日本人はシャイだから、名前を覚えてもらう前にやめるんだ」と答えられれば軽く笑いをとれるかもしれない。この答えにたいそうな英語力は必要ないだろう。

たとえば、私はアメリカに赴任しているとき、アメリカ人から「今も芸者はいるのか?」としばしば質問された。なにしろアメリカ人にとって、いまだに日本のイメージは「フジヤマ、ゲイシャ、ハラキリ」程度である。5人中2人はこの質問をしてきた。

私は「まだいるらしい」と簡単に答えたが、すると「どこにいるのか?」「どうすれば会えるのか?」と次々に質問を投げかけてくる。当時の私はそこまで知らなかったので、答えに窮した。英語で話す以前に、知らないことは答えようがないのである。

多くの日本人が英語を話せないのは、実はここに問題がある。まじめに話そうとするから英語が出てこなくなるのである。

日本人について芸者と腹切り程度の認識しか持っていない相手に、まじめに「今でも浅草に行けばお座敷遊びができる」と答えるのもバカバカしい。「オレの隣の家に住んでるよ」などと適当に答えれば十分である。「まだサムライはいるのか?」と聞かれたら、「ああ、この間日光で会ったよ」とさらりと答えればいい。

要は、日本人は英語を特別視しすぎているのである。

中国語がうまく話せなくても恥ずかしいとは思わないだろう。韓国語を習いたてのおばちゃんたちが嬉々《きき》として韓国に行って韓国語を話しているように、英語以外の言語は発音が悪くても、文法はめちゃくちゃでも気にならないのである。

気楽に構えているほうが、海外でも人と打ち解けられる。そのために人とコミュニケーションをとるのではないだろうか。

本当の英語力が求められるのは、外資系企業でも3％に過ぎない

外資系企業の社員は全員英語ができる。英語がしゃべれなければ外資系企業で働くことはできない。

多くの人がこう思っているようだが、これは間違いである。外資系で本当の英語力が求められるのは、本社の上層部と直接やりとりをする経営陣で、全社員の割合からすればせいぜい3％である。

私がいたマイクロソフトでも、部長クラスまではみな英語が下手だった。本部長をやっている人間が「いやあ、英語に関してはヘレン・ケラーですよ」とよく言っていたほどである。謙遜《けんそん》などではなく、彼は本当に英語を話せなかった。

だが、彼は英語を話せなくても出世できたし、クビを切られることもなかった。

なぜなら、外資系の企業であっても、日本の支店は日本人を相手に商売をするからである。シアトルの本社からすれば、彼に求めているのは英語力ではなく、日本人に商品をうまく売り込む能力である。英語は下手でも、仕事ができればいい。実にシンプルかつ合理的な考えである。

もし仕事の能力を英語力だけで判断するような外国人上司がいたとしたら、その上司の知能の低さを疑うべきである。英語が話せる日本人は賢いと思う程度の知能しかないのなら、その上司の仕事のレベルなど高が知れている。こちらから日本人はどれだけ優秀な民族なのか教えてあげたほうがいいだろう。

外資系企業のトップの3％はネイティブと同レベルの英語力を求められるが、それも体当たりで学んでいくしかない。実際、デリケートな交渉などは事前に学んだ英語で乗り切れるものではなく、コミュニケーション力を駆使して解決するしかない。英語はコミュニケーションを補完するものであり、TOEICのスコアなどほとんど当てにならないのである。

英語力が必要とされるのは、外資系よりも、むしろ総合商社である。

総合商社には「英語屋さん」と呼ぶべき枠があり、バイリンガル、帰国子女、外国人などを英語力優先で採用するという。商社にもよるが、全体のおよそ2～3割が英語枠だろう。そして、幹部候補生のエリート社員と、気力と体力を備えた体育会系の実動部隊が、残りを二分するというのが一般的な配分である。エリート社員の下で実動部隊が英語屋さんのサポートを借りてガンガン働く、という構図になっている。

実動部隊は、最初は英語屋さんに頼らざるを得なくても、仕事をしているうちに自然と英語を覚えていく。商社の本質は営業だから、結局、営業能力のある人間が生き残っていくのである。10年も経てば、実動部隊が英語屋さんをアゴで使っているという構図に変わってしまう。英語だけができても重宝されるのは限定的な話なのである。

最初は英語を武器にできたとしても、それほど長く通用するものではない。

自分よりも英語力が高い人、自分よりも発音がいい人など、山ほどいる。そして企業にとっては、同じ能力であれば、勤続年数が長い社員に高い給料を払っているより、新卒を安くこき使うほうが利益を上げられる。

事務職の女性が30歳を過ぎると肩叩きにあうように、人並みにしか仕事ができない人は真っ先に切り捨てられる。英語ができても、仕事ができるというわけではない。それを勘違いしている人は、自分がリストラ予備軍になっているのだと気づいてないだけである。

企業は国内の人材を見捨てている

2011年の初め、ソニーは新卒採用のうち30%を、パナソニックは80%を外国人にすると報じられた。もっともこの外国人とは英語圏の人ばかりではなく、中国人やインド人などが多いだろう。

日本国内での需要が望めないから海外で事業を展開しようという選択なのだろうが、海外支店だけではなく国内の本社まで外国人を増やすことに果たして意味があるのだろうか。

リーマンショック後、日本は就職氷河期に突入し、正社員になれずに就職浪人する学生が続出していることは周知の事実である。国内の学生の救済を考えず、むしろ日本の学生を切り捨てて外国人を選ぼうとしている。海外なら、そのようなメーカーの製品は買わないとボイコットが起きても不思議ではないだろう。

大企業の幹部がネイティブ並みに外国語をできるとは思えない。自分はできないのに、社員には求めているのだから虫がいい話である。

確かに、中国やインドのエリートは日本のエリートよりも勉強しているだろうし、自国の企業よりも条件はいいのだから懸命に働くだろう。だが、どこに国内の本社で自国の若者より他国の若者を多く採用する国があるのだろう。ほかの大企業もこれに追随したら、間違いなく日本国内は荒廃する。日本の若者は就職先が見つからないからと勉強を諦《あきら》め、進学を諦め、みな引きこもりかニートになるだろう。もしくは日本に見切りをつけて海外に留学し、そのまま現地で生涯を過ごすかもしれない。

このような事態になったら、優秀な若者ほど真っ先に国外に逃げ出す。人材流出に歯止めが利かなくなり、日本は崩壊するだろう。それぐらい危機的な状況を招く経営判断だと思う。

しょせん企業は社員を駒《こま》のひとつにしか考えていない。

部下や同期に外国人が増えたとしても、外国人＝仕事ができるというわけではない。自分は本来の業務をこなせばいいだけの話であり、動揺する必要はないだろう。もし外国人に仕事をとられてしまったのなら、しょせんその程度の仕事しかできていなかったのである。

ホンダの伊東孝紳《いとうたかのぶ》社長は、「日本国内で全部、英語なんて馬鹿な話はない」と切り捨てた。今後は、このような企業が若者の就職先として人気が高まるかもしれない。日本の若者を見捨てている企業は、こちらから見捨てるぐらいでいいと思う。

実際、若者は楽天やファーストリテイリングを見捨てている。

就職情報会社「学情」が2012年卒の学生を対象に行なった就職希望企業人気ランキングによると、楽天は前回57位から170位もランクを下げ227位、ファーストリテイリングは前回63位から199位もランクを下げて262位。ベンチャー企業が若者から選ばれなくなったら、誰が選ぶというのか。

ところで、日産自動車や日本板硝子は、事業も役員構成も多国籍化している企業である。それは日産の社長はカルロス・ゴーン、日本板硝子の社長は米化学大手デュポン出身のクレイグ・ネイラーだからである。(当時、ネイラー氏は2012年に退任)日本板硝子は二代続けて外国人の社長なので、もはや日本企業とは言えず、外資系だと考えてもいいかもしれない。トップが外国人なら、それに言語を合わせるのは当然ではある。日産は取締役9人のうち外国人は4人、日本板硝子は9人のうち外国人は3人。おそらく取締役会は英語で行なわれているだろう。

だが、日産も販売店で接客する社員は日本語を話すし、日本板硝子も国内の企業と取引している。日産は社内メールや資料、書類などは日本語と英語の両方で記しているので、日本語を禁じているわけではないのである。顧客とは日本語で話すのに、社内では英語だけという状況はありえないだろう。

さらにいうなら、日本に来て日本語を勉強した留学生に対して英語を求めるのは、よく考えればおかしな話である。おそらく、外国人留学生を日本語が重視されるポジションにつけることはないだろう。企業の受付や広報などで外国人が働いている姿はほとんど見たことがない。つたない日本語で日本人の顧客と接するのは許されず、海外の顧客と英語で接するのは許される。これは留学生を差別しているようなものである。

もし外国人を企業に受け入れるのなら、日本人と同じポジションにつけて初めてグローバル化が実現する。自分たちの不得意な分野だけ助けてもらおうなどという身勝手な考えでは、企業の経営方針も企業風土も理解してもらえないだろう。日本の学生の英語力はダメ、だから外国人留学生という安易な考えで果たして経営がうまくいくのかどうか。答えは5年以内には出るだろう。

TOEICを妄信するな

企業によっては、社員の採用条件をTOEICのスコア600以上、高いところでは850以上などとしているところがある。その一例を挙げてみよう。

650以上：アサヒビール、シチズンホールディングス、佐川グローバルロジスティクス
700以上：NTT東日本、三菱電機、ヤマト運輸、ファーストリテイリング
800以上：住友不動産、野村不動産
850以上：NTTコミュニケーションズ

新卒の採用条件であるところもあれば、中途採用を含めた採用条件のところもある。不思議なのは、NTTグループや不動産会社など、国内向けの事業がメインであるところが異様に高いスコアを求めているのである。どこの企業もグローバル化の名目のもと、海外支店は展開しているだろうが、国内との比率で言うと5割にも満たないだろう。

もはやTOEICのスコアは特権階級の意識を満足させるために存在しているようなも

のである。会社に対する忠誠心や奴隷度をはかるためのスコアである。

採用する側は「うちの会社は、これだけ高いレベルの社員を求めているんだ」と誇示し、採用された側は「難関を潜《くぐ》り抜けて就職できた！」と満足する。そしてムダに「自分たちは一流の人間だ」と特権階級の意識を高めてしまうのである。

だが、今まで述べてきたように英語ができても仕事ができるわけでもないし、コミュニケーション力が高いわけでもない。むしろ英語しか勉強してこなかった人間は、社内では要注意人物になるのではないだろうか。「ほかのことは何もできません」とアピールしているようなものである。

昇格・昇進のための基準に設けるのなら、まだ分かる。昇格・昇進を目指しているのは組織に徹底的に服従する犬になろうという意志の強い人である。そういう人が組織のトップから気に入られるために英語を勉強するのなら、それはそれで筋は通っているだろう。

だが、採用条件にＴＯＥＩＣのスコアを用いるのは、社員全員に満遍なく英語ができることを求めている。

学生にそのような無意味なことに時間を費やさせるぐらいなら、インターンシップで一定期間受け入れ、現場の仕事を学ばせればいいではないか。その段階で、将来性のある学生とそうではない学生は判別できる。入社前に仕事を経験し、会社という場の雰囲気もつかんでいるのなら、入社後に教える手間隙《てまひま》も省ける。そのほうがよほど有意義な採用方法になるだろう。

企業の本音としては、採用時にコストをかけたくない、インターンシップで学生に教えるのは面倒、などと自分たちの都合しか考えていない。英語をふるいにかける条件にして、自分たちは楽をしたいだけである。

そもそもTOEICを妄信するのはいかがなものか。

TOEICは英会話能力を知るのにいいテストではあるが、日常英会話能力となると話は別である。試験で高得点を取ったからといって、海外赴任の現場で、何の支障もなくコミュニケーションがとれるわけではない。

たとえば「夏バテで食欲がない」「足がつった」といった表現は、TOEICには出てこない。だが、現地の従業員が使うのは、こうした何気ない表現である。日常的に使われるこれらの表現を知らなければ、マネージメントはできないはずである。

英語に自信がないのなら、海外赴任先で日本語ができる通訳を雇えばいいだろう。自分は仕事に専念し、会話は通訳に任せれば十分である。サッカーのワールドカップの監督は、ザッケローニ監督にしろ、トルシエ監督にしろ、日本にいるときは通訳を介して選手たちに指示を出している。英語やフランス語が分からない選手でも、身振り手振りや表情から、監督が何を伝えたいのかは大体分かるだろう。それがコミュニケーションであり、これればかりはTOEICでカバーできるものではないのである。

人間力は英語とは関係はない。何語を話せても嫌な性格の人は嫌な性格だし、仕事ができない人は仕事ができないダメな人間である。英語を採用条件にする企業は、人間力を見抜く力がないのかもしれない。もしくは、奴隷度の高い人を探すために採用条件にしているのである。

海外で成功したいのなら自分の武器を磨け

「料理の鉄人」というテレビ番組でブレイクした森本正治《もりもとまさはる》シェフは、今アメリカではもっとも有名な日本人である。ニューヨークやフィラデルフィアなど、世界で7店舗を展開し、1店舗当たり年間10億円を売り上げている。

森本シェフは25年もアメリカに住んでいるので、相手が話す英語は理解している。だが、話すときは完全にジャパニーズ・イングリッシュで、調理場でスタッフに怒るときは「なんで間違ったんだ！ Why? 言うてみ、Tell me, why!」と英語交じりの日本語で怒鳴っている。それでもスタッフとはコミュニケーションはとれているし、店の経営には何も問題はない。

森本シェフがアメリカで成功したのは、アメリカ人の好みに合った和食を提供しているからである。レストランで人気のあるてんぷらはパイナップル、タコ焼きに入っているのはタコではなく、アワビ、ロブスター、フォアグラと、日本人から見たら信じられない食材を使っている。

森本シェフは、客は30％しか味が分からない、残り70％は予約の電話から始まって店員の応対や店の雰囲気によって評価されると言い切っていた。だからニューヨークの店も安《あん》藤忠雄《どうただお》氏に設計を頼み、店の入り口には15mもの長い暖簾《のれん》をかけ、ウォーター・ボトルを使って間仕切りを作るなど、斬新かつ開放的なスペースに仕立てている。日本人の和の雰囲気に合わせるのではなく、アメリカ人が好みそうなデザインにしているのである。

森本シェフはまさにグローバルな視点を持っている。日本で喫茶店を経営していたときは鳴かず飛ばずだったようだが、スシがブームになっているアメリカに渡るあたり、商機をつかむ才能に長けているのではないか。結局、どこの世界でもそういう人が勝ち残る。

２０１１年はグラミー賞を日本人が4人も受賞し、話題になった。このうち、南カリフォルニア在住の琴演奏家・松山夕貴子《まつやまゆきこ》さんはアメリカを活動の場にしたから成功したのではないかと思う。日本では琴の演奏家は大勢いるし、琴の演奏自体は珍しいものではない。アメリカでは琴が新鮮に映ったから、サックス奏者ポール・ウィンターの目に留まり、一緒にアルバムを作ろうと声をかけてもらえたのだろう。

つまり、突出した才能さえあればどこに行っても通用するのである。日本では埋もれていても、海外で突出する才能もある。もちろん英語ができるのは才能ではない。発音がいいからとビジネスで大役をまかせてもらえるわけではないし、脚光を浴びることもない。

ただし、最近は海外で一旗揚げようと思う日本の若者は少ないだろう。

産業能率大学の調査によると、海外で働きたいと思うかとの問いに、「働きたいと思わない」と答えた人が49・0％に達した。海外で働きたくないという人に理由を聞いたところ「海外勤務はリスクが高い」、「自分の能力に自信がない」、「海外に魅力を感じない」という回答が主だった。

確かに、これだけの情報社会になれば国内でも瞬時に海外の情報を入手できるし、海外からものを取り寄せるのも簡単である。今の時代は海外でなければ手に入らないものは少ないだろう。それでも、アベノミクス効果でもち直しつつあるとはいえ、日本経済は長期的には沈没気味なので、しばらく海外で生活してみるのもひとつの手段である。それも台頭目覚ましい中国で暮らすのではなく、ハワイのように日本人が多い土地で働きながら暮らすのである。現在ハワイに在留している日本人は約2万人といわれ、日本語で通用する場所もある。そういう環境で英語の免疫力をつけながら中国人を相手にビジネスを展開するのもいいだろう。

もちろん、何の才覚もない人が成功できるほど甘くはない。やはり、いつか海外に出るためにも、国内で自分の得意分野の才能を磨くべきである。

第3章

本当の「学問」をしよう

大人の学問をしよう!

第1章で英語を約900時間も勉強しておきながら、ほとんど身についていない実態を述べた。

学生時代にムダにした900時間を取り戻すことはできないが、同じ過ちを繰り返すのはあまりにも浅はかである。社会人になってからもTOEICや英検などの勉強のために時間を費やすのも、英会話スクールに通うのも、さらにムダを重ねることになる。

大人の時間は、子供の時間以上に貴重である。

毎日、朝から晩まで働き、家に帰って寝るだけの生活でいいのだろうか。

休日は昼過ぎまで寝ていたり、パチンコで時間をつぶすだけの暮らしで空《むな》しくならないだろうか。

人生有限、学無窮。

これは歴史学者の竹内理三《たけうちりぞう》が揮毫《きごう》した言葉である。人生は有限であるけれども、学ぶのは無限だ、という意味である。

学問と聞くと、それだけで拒否反応を示す人もいそうだが、それは私たちが学生時代に本当の学問に出逢わなかったからである。学問とは学び問うこと。ただ暗記するだけの授業は学問ではないし、テストで1番をとるための授業も学問ではない。

日本の学校は学問をするために通う場所ではなく、学問の楽しみを奪うためにあるような場所である。

だから大人になった今、学問に目覚めよう。

誰にでも学びたいという欲求はある。本書を手に取った読者には、間違いなくその欲求があるだろう。

日本でも人気のあるアメリカの女性画家グランマ・モーゼスは、本格的に絵筆を執《と》ったのは75歳ごろだという。画家になるまでは、夫婦で農業を営んでいた普通のおばあちゃんだったのである。75歳のときに持病のリューマチがひどくなり、それまで趣味で続けていた刺繍《ししゅう》をやめて絵を描き始めた。そして101歳で亡くなるまでに、1500点以上もの作品を残したのである。

六十の手習いということわざもあるように、学ぶのに遅すぎることはない。本当の学問の喜びを知らないまま人生を終えるのは、あまりにももったいない話である。

ただし、大人の900時間はムダにできない。好きでもない分野の勉強をしている暇はないし、会社のための勉強をしている暇もないのである。

学問は出世や就職のための道具ではない。英語は単なる道具であり、身につけても生きる力までは養えない。学び問えない勉強なのである。

これからの900時間は自分の好きなことや得意なことを追求するために学び、問うために使おう。

だからといって、何かのセミナーやカルチャースクールに通うのは学問するとはいえない。学校教育にすっかり洗脳された日本人は、通って学ばないと身につかないと思い込んでいる。だが、歴史の研究家の講釈を聞くより、書物を読むほうが自分なりの歴史観を養える。基本的に、スポーツ以外は人から習わなくても自分自身の力で学べるものである。学び問うのは教師に問うのではなく、内なる自分に問いかけるのである。

サダム・フセインはアメリカに捕らえられて処刑されるまでの間、獄中で赤十字から送られてきた145冊の本を読み、自分でも詩を書いていたという。意外にも知的な独裁者だったのである。ジョークをよく飛ばし、小鳥にえさをあげ、神への祈りも欠かさず、暴れたり不平不満を漏らしたりしない模範囚だったらしい。自分の人生の結末を知りながらもなお本を読み続けたのは、最期まで人間らしく生きたかったのかもしれない。

人は学び問うことで人であり続けられる。

その学びは無数の書物や芸術作品、音楽や芝居などから得られる。学ぶテーマは無限にあり、まだ出逢っていない学問はそこかしこに眠っている。それを探りあてるために、私は今日も本を開くのである。

英語を勉強するのは最後でいい

２００９年にヒラリー・クリントン国務長官（当時）が来日し、東京大学で学生と対話集会を開いたことを覚えている読者はいるだろうか。

そのとき、一人の女子大生が質問に立ち、メモ用紙を読みながらたどたどしい英語でこう質問したのである。

「自然環境を専攻しています。野球部にも入っています。でも、男子ほど強くありません。どうすればあなたのように強くいられますか」

メディアで流れたのは、最後の一行だけである。それだけでも驚きだったのだが、質問の全文を読み、さらに驚いた。これでは、まるで小学生の質問である。

メモを読みあげるのもいいし、カタカナ英語でもいいが、日本で一番偏差値の高い大学の学生がするような質問なのだろうか。ネイティブ並みの発音でこの質問をしても、中身がないことに変わりはない。いや、もっと恥をさらしただけかもしれない。

日本の最高学府である東大も、イギリスの教育専門誌 Time Higher Education が２０１０年に発表した世界の大学ランキングでは26位であり、21位の香港大学にアジア№１の座を奪われている。中国は北京大学の37位が最高だった。だが、上位200校に6校がランクインし、日本の5校よりも多い。日本の大学はどんどん後退していっているのである。

女子大生の質問に対するヒラリー・クリントンの答えは見事だった。「よく野球をしましたし、大勢の男の子たちとプレイしました」と野球の話を絡めつつも、「自分が希望する未来に向かう道を模索している若い女性から、自分は何を、どうすればいいのかと聞かれることがよくあります。もっとも大切なことは、自分自身に正直であること、自分の人生にとって大切で意義があると信じることを行なうことです」と人生論に発展させているのである。

彼女の話はここで終わらない。日本はアフガニスタンに500校以上もの学校を建て、そのうちの多くが女子校である、けれどもアフガニスタンでは女性が勉強することにいまだに根強い反発がある、と事前のリサーチまで巧みに盛り込んでいる。そもそも日本がアフガニスタンに学校を建てていることなど、知らない日本人が多いだろう。

そして、私たちは多くの機会に恵まれている、私たちが受けた教育を自分のためだけではなく、社会のためにも使うことが大切だと呼びかけている。ラストは、「時々野球をすれば、自由な発想をすることができるでしょう」と締めくくっているのである。ウィットに富んだスピーチとは、こういうものである。

救いだったのは、ほかの学生は、「テロとの戦いを、西側諸国とイスラム世界の紛争に結び付けることがよくあります。イスラム世界に対する偏見をなくすための良い考えはありませんか」など、まともな質問をしていたことである。

これはもはや英語云々《うんぬん》の話ではなく、思想や哲学、そして瞬発力の問題である。

何の思想も哲学もない者だったら、どうすれば強くなれるかとの問いに、「毎朝ジョギングをして鍛えています」と答えるかもしれない。おバカな質問から深い話に発展させる瞬発力も、欧米のエリートは身につけている。日本のエリート教育が、いかに低レベルなのかがわかるだろう。

語学ができても、思想や哲学までは養えない。

コミュニケーションは、やはり思想や哲学、知識があってこそうまくなるものである。

英語は論理的な言語だといわれているが、欧米人は幼少のころから論理的な思考を身につけるトレーニングをしているから、その傾向が強いのである。

だから英語を学ぶのは最後でいい。その前に学ぶべきことは山ほどあるはずである。

読書で分かる国家の衰退

日本人は読書量が世界でもっとも少ない。

これはOECDが行なっているPISA調査（学習到達度調査）から分かった事実である。正確に言うと、PISA調査は15歳（高校1年生）が対象なので、日本の高校1年生は世界でもっとも読書量が少ないということになる。

10年以上前の調査だが、30分以上読書する生徒の比率は、日本は27・1％、カナダ33・6％、フィンランド48・6％、と日本は圧倒的に少ない（2000年度データ）。しかも、じっと本を読むなど数分しかできない（11・4％）、本を最後まで読み終えるのは困難だ（16・9％）、どうしても読まなければならないときしか本を読まない（21・5％）、などの質問で、日本の生徒の比率はフィンランドの倍近くになった。

じっと本を読むことができない高校生が1割もいる。それは衝撃的な話ではないか。

この調査に日本の教育機関は慌てて、学校での読書の時間を増やすようになった。その結果、09年の調査では、「読書は大好きな趣味のひとつ」と答えた生徒は42％で、OECD平均（33・4％）を上回った。

ところが、「趣味で読書はしない」という回答は44・2％と、ＯＥＣＤ平均（37・4％）より上回っている。高校生が趣味以外でする読書とは何だろう。もしかして参考書を読むのも読書に換算しているのだろうか。

学力がトップだった上海は「読書しない」はわずか8％、毎日31分以上を読書に費やす割合は56・1％と圧倒的に多かった。

ちなみに日本は31分以上読書に費やす割合は30・4％とわずかに増えたものの、大多数は30分読むか読まないかという結果になっている。

やはり、じっと本を読むことができない高校生は多いのである。

高校生は部活や受験勉強で忙しいから本を読む暇などないのだと、好意的にとらえる人もいるかもしれないが、それでは上海の学生はどうなのか。

大学全入時代に突入した日本と比べ、中国は限られた一部の人しか大学には入れない。中国は出身大学によって初任給が10倍違う場合もある。さらに、一人っ子政策で一家の将来を担う子供は、親だけではなく祖父母の期待も一身に受け、死に物狂いで勉強している。

大学に入ってもなお勉強に明け暮れ、早朝から大学の寮の廊下や校庭で、学生が大声で英語や日本語のテキストを音読している光景は、中国ではおなじみである。

そこまで勉強しながら、5割は読書も欠かさないのである。

だが、ここから「今の若者は勉強しない」などとありがちな結論を導き出してしまうと、物事の本質を見落としてしまう。日本では高校生だけ読書量が少ないわけではない。たいてい、親が本を読まない人種だと子供も読まないので、高校生の親の世代も読書量は少ないはずである。親の親の世代も読んでいないのかもしれない。

最近は電車の中でも本を読んでいる人は少数派になった。スポーツ新聞を広げているおじさんの姿さえ、昔に比べると減ったかもしれない。座席に座るなり、携帯やスマートフォンでメールを打ったり、ゲームやワンセグに釘付けになっているビジネスマンが多い。

読書がどれほど大切なものなのか、高度成長期、バブル期とビジネスマンは金儲けに明け暮れ、学生は遊びほうけて学問を怠《おこた》ってきたので、忘れてしまっている。最近の独身女性の愛読書は絵本だという。子供のために買うのではなく、自分が読むために買うのである。それこそじっと本を読むことができないから、文章量の少ない絵本に手を伸ばすのだろう。

読書をしない国民ばかりになると、国家は衰退していく。決しておおげさな話ではなく、事実日本の経済力は落ちているし、国際政治もお粗末で国際的になめられている。読書量によって国は滅びるといっても過言ではない。

無学な国家は他国から食い物にされる。その危機感がある国家は国民に教育をし、国力を養おうとしているのである。

日本が抱える７つの大罪

日本の政治も行政もまったく当てにならないことは、２０１１年の東日本大震災でよく分かっただろう。

被災地の人たちは食うや食わずの生活を送っているのに、野党だけではなく与党内でも足を引っ張り合っている場合ではないだろうと、国民のほうが分かっている。原発事故で福島はチェルノブイリのようにこの先何十年も住めない土地になるかもしれないというのに、それでもまだ原発を推進する自治体の長もいる。経団連も新規の原発を建てるべきだと主張し、国が沈没寸前なのにいまだ自分の利益しか頭にない輩《やから》が大勢いることが露呈した。

この国難は自然災害によってもたらされたものであっても、より深刻な状況にしたのは人災である。だが、混迷する闇の中でこそ光り輝く真実もある。

京都大学原子炉実験所の助教である小出裕章《こいでひろあき》氏は原子力の研究家でありながら、40年以上も前から原発に反対していた人物である。原子力村の御用学者がぬくぬくと利権をむさぼっている間も一人で危険性を訴え続けて疎《うと》ましがられ、60歳を過ぎた今でも助教という立場に甘んじている。教員のヒエラルキーは上から教授、准教授、講師、助教、助手となっており、助教は下から2番目である。今までずっと冷や飯を食ってきたのに、それでも主張を曲げなかった小出氏の姿勢に、震災後感銘を受ける人が続出している。

その小出氏は講演でガンジーの慰霊碑に刻んである、「7つの社会的大罪」の言葉を紹介している。

原則なき政治 (Politics without Principles)
道徳なき商業 (Commerce without Morality)
労働なき富 (Wealth without Work)
人格なき学識(教育) (Knowledge without Character)
人間性なき科学 (Science without Humanity)
良心なき快楽 (Pleasure without Conscience)
献身なき信仰 (Worship without Sacrifice)

今の日本はすべての罪を抱えてしまっている。

なぜここまで堕落してしまったのだろうか。それは誰もが哲学や理念を養うべく、まともに本を読んでこなかったからだろう。

鳩山由紀夫《はとやまゆきお》元総理大臣や菅直人《かんなおと》元総理大臣は、総理大臣になってから書店に本を買いに行き、話題になった。

鳩山由紀夫氏は「新しい資本主義を日本の風土にどう活かしていくかを勉強したい」と丸善を訪れ、編集者であり著述家でもある松岡正剛《まつおかせいごう》氏にアドバイスを受けながら、28冊の本を購入した。以下、28冊のリストである。

『日本辺境論』（内田樹《うちだたつる》）
『逝きし世の面影』（渡辺京二《わたなべきょうじ》）
『闘うレヴィ＝ストロース』（渡辺公三《わたなべこうぞう》）
『日本国家の神髄』（佐藤優《さとうまさる》）
『「情」の国家論』（山本峯章《やまもとみねあき》、村上正邦《むらかみまさくに》、佐藤優）
『新自由主義か新福祉国家か』（渡辺治《わたなべおさむ》、二宮厚美《にのみやあつみ》、岡田知弘《おかだともひろ》、後藤道夫《ごとうみちお》）
『文化力』（川勝平太《かわかつへいた》）

『ワールド・カフェ』（アニータ・ブラウンら）
『ネオリベラリズムとは何か』（デヴィッド・ハーヴェイ）
『新自由主義』（デヴィッド・ハーヴェイ）
『談志　最後の落語論』（立川談志《たてかわだんし》）
『昭和史　戦後篇』（半藤一利《はんどうかずとし》）
『レヴィ＝ストロース講義』（C・レヴィ＝ストロース）
『暴走する資本主義』（ロバート・ライシュ）
『日本型資本主義と市場主義の衝突』（ロナルド・ドーア）
『日本語が亡びるとき』（水村美苗《みずむらみなえ》）
『動的平衡』（福岡伸一《ふくおかしんいち》）
『確率論的思考』（田渕直也《たぶちなおや》）
『21世紀の歴史』（ジャック・アタリ）
『ブラック・スワン　上・下』（ナシーム・ニコラス・タレブ）
『新しい資本主義』（原丈人《はらじょうじ》）
『フラット化する世界　上・下』（トーマス・フリードマン）

『金融危機後の世界』（ジャック・アタリ）
『世界の経済が一目でわかる地図帳』（ライフサイエンス）
『虹色のトロツキー　7・8』（安彦良和《やすひこよしかず》）

談志は落語好きだから選んだのだろう。『虹色のトロツキー』という漫画が含まれているあたり、首をひねる。政治家なのに満州時代の日中ソの関係を漫画で学ぶのだろうか。

正直な話、総理大臣になってから読むには遅すぎる本ばかりである。

たとえば『暴走する資本主義』は2008年刊行、『フラット化する世界』は2006年に刊行しているのだから、野党時代にいくらでも読む暇はあっただろう。

菅直人氏は2011年1月に八重洲ブックセンターにて、雑誌と単行本を7冊購入したと報じられた。そのラインナップは、

『国家債務危機』（ジャック・アタリ著、林昌宏《はやしまさひろ》訳）
『デフレの正体——経済は「人口の波」で動く』（藻谷浩介《もたにこうすけ》著）
『これから、中国とどう付き合うか』（宮本雄二《みやもとゆうじ》著）

『自我作古　国家を考える。』（筑紫哲也《ちくしてつや》著）
『がん　生と死の謎に挑む』（立花隆《たちばなたかし》、ＮＨＫスペシャル取材班著）
『無縁社会の正体　血縁・地縁・社縁はいかに崩壊したか』（橘木俊詔《たちばなきとしあき》著）
「文藝春秋」

これから中国とどう付き合うかなどと、総理大臣になってから考えるのは止めて欲しい。

付け焼刃の知識で場当たり的に対処していくのではなく、今まで培《つちか》ってきた確固たる哲学や思想をもって臨むのが政治だろう。

だが、本の内容以前に、このような情報を何も考えずに公開してしまう意識の低さに危機感を抱く。どのような本を読んで政策に活かそうとしているのかは、国家機密に関係するのではないだろうか。

オバマ大統領も読書家だが、本人が「こんな本を買った」と公開するのではなく、広報担当者を通して夏休み中に読む本などを紹介している。つまり、公開する本と公開しない本を分けているのである。メディアを引き連れて書店に行き、買っている姿をさらすような間抜けなことは海外のトップは絶対にしない。

そもそも国会の答弁やメディアでの発言を見ていても、ほとんどの政治家は頭のよさを感じさせない。失言が多すぎるし、わざとマスコミにネタを提供しているのではないかと思うぐらいである。

この原稿を書いている最中に、松本龍《まつもとりゅう》震災復興担当相（当時）が就任してわずか9日で辞任した。

「私は九州の人間だから語気が荒い。B型で短絡的なところがある」「知恵を出したところは助けるけど、知恵を出さないやつは助けない」「お客さんが来るときは、自分が入ってから呼べ」など、短期間で暴言を尽くし、話題を振りまいてくれた。そのような発言をすれば政治家にとって致命傷になるということは、今まで失言で辞任した大臣たちを見ていれば分かるだろう。

国の中枢を担う人たちに品性がないのは、勉強といえば受験勉強オンリーであり、人間性を高めるための教養を身につけてこなかったからである。教養は社会的地位を得たらセットになってついてくるものではないのである。

日本にはびこる7つの社会的大罪はどうすれば拭《ぬぐ》い去れるのか。

それはこれから国家の将来を担う若い世代が学問をして、哲学や理念を持つしか手立てはない。今の中高年に今更モラルや倫理観を求めてもムダである。まだ悪しき社会に染まっていない若者が人間性を高めて人格を磨き、理念を持てば20年後か30年後には日本は少しはまともになっているだろう。

そのためにも一人でも多くの若者に、本当の学問に励んで欲しい。

真の教養とは何か

アメリカのオバマ大統領は読書家で有名である。

オバマ大統領の知性はスピーチに如実に表れている。通常、アメリカの政治家のスピーチはスピーチライターが担当する。オバマ大統領はハーバード・ロースクールで学術雑誌の編集長を務めたぐらいだから、文章には相当こだわる。当然スピーチもチェックし、スピーチライターにあれこれ注文をつけているだろう。

スピーチライターのジョン・ファブローは、大統領就任時は弱冠27歳だったので、注目を集めた。日本ではどんなに才能のあるスピーチライターであっても、27歳の人を雇う勇気を持った総理大臣はいないだろう。ジョン・ファブローは、オバマ大統領の自伝を常に持ち歩き、思考や発言を徹底的に研究し、オバマ大統領からは心が読めると評価されている。オバマ大統領の思考を研究するために、彼が読んでいる本にも目を通しているだろう。

『オバマの本棚』（松本道弘《まつもとみちひろ》）によると、オバマ大統領の愛読書は『ガンジー自伝』『リア王』『マクベス』『白鯨』『旧約聖書』『リンカーン演説集』『見えない人間』『ソロモンの歌』など。アメリカ人らしく、キリスト教関係の本もあれば、欧米のエリート必読のシェイクスピアもある。

オバマが大統領になる前、キャッチコピーとなった「Change」は、マハトマ・ガンジーの「世界に変化をもたらしたければ、自らがその変化になれ」との言葉に啓発されたものだという。だが、大統領に就任したばかりのころはこういったエピソードに素直に感動できても、2011年のビン・ラディンの殺害作戦を見ていると、ガンジーの唱えた「非暴力・不服従」という理念とは程遠いではないかと意見したくなる。愛読書からアメリカ人のダブルスタンダードぶりがうかがえるのも興味深い。

『見えない人間』『ソロモンの歌』は黒人差別や黒人のルーツを描いた小説である。このような本を読むあたり、黒人と白人との両親の間に生まれ、アイデンティティーの確立に悩んだオバマ大統領らしい。

欧米で知識人として認められるには、シェイクスピアと聖書を読んでいるのは基本である。エリートが集うパーティになると、ハムレットのセリフが普通に会話に出てきたりする。「当然知っているもの」という前提で話が進むのである。歴史や戦史も好むし、芸術についても造詣《ぞうけい》は深い。エリートは幅広い教養を身につけているのが普通なのである。

ところが、教養のあるエリートは日本ではあまり見かけない。

2010年の夏、東大の駒場にある生協のスタッフがツイッターで文庫本の売り上げベスト3を発表した。それによると、1位は平坂読《ひらさかよみ》『僕は友達が少ない』第4巻、2位は伊《い》坂幸太郎《さかこうたろう》『砂漠』、3位は石田衣良《いしだいら》『美丘』。

1位の『僕は友達が少ない』はライトノベルである。ライトノベル自体を知らない読者は、まともなので安心して欲しい。ライトノベルはマンガを小説にしたようなもので、対象読者は中学生や高校生である。「東大生、大丈夫か?」と思わず心配になるだろう。本のタイトルからして心配ではないか。

仮にも最高学府の学生がライトノベルを読んでいるとは、劣化ぶりがすさまじい。読んでもいいが、大学の生協で買わずに、アマゾンでこっそり注文するぐらいのプライドは持つべきだろう。マスコミの前で堂々と本を購入していた鳩山由紀夫や菅直人も同じである。そんなプライドさえもなくなっているのかと思うと、暗澹《あんたん》とした思いになる。

東大図書室に勤務している永嶺重敏《ながみねしげとし》氏が記した『東大生はどんな本を読んできたか』によると、2000年の調査で東大生が4月から11月までに読んだ本の平均は101冊。

その内訳は、

①「マンガ・コミック」　36冊
②「勉学に直接必要な本」　19冊
③「小説・文芸書」　17冊
④「その他」　17冊
⑤「教養書」　12冊

東大生の読む本の半分はマンガなのである。さらに、よく読む雑誌は、①「Tokyo Walker」②「少年マガジン」③「少年ジャンプ」④「non-no」⑤「Number」と、普通の大学生どころか、高校生レベルである。

このような傾向は昭和43～44年の東大紛争のころから始まっていたようだと、永嶺氏は分析している。昭和30年代は、岩波新書や岩波講座のほか、世界文学全集、現代教養全集のような全集ものが上位を占めていた。学生運動により、エリートの知的レベルまで破壊してしまったのである。

一方、戦時中の東大生が愛読していた古典は『万葉集』『論語』『ファウスト』『新約聖書』『源氏物語』『古事記』『徒然草』だった。『万葉集』は学徒出陣した学生が持っていったそうなので、当時の日本人として心のよりどころになる本だったのかもしれない。

だが、今の日本でこれらの古典が話題にのぼることなどなく、せいぜい『源氏物語』が読まれるぐらいだろう。『源氏物語』は恋愛小説なので、源氏ファンからは激怒されるだろうが、ハーレクイン・ロマンスを読むのと大差ないといえる。

おそらく多くの人は古典が苦手だろう。それは、英語と同じで文法中心の授業を受けたからである。現代語に訳すときも直訳であって、情緒のかけらもない。『枕草子』にしろ、『徒然草』や『方丈記』にしろ、冒頭部だけを抜粋して暗唱させられるので、これでは「もっと読んでみたい」という知的好奇心はわかないだろう。歴史的仮名遣いなど、今は使われていない言葉なのだから覚えるだけムダだと、古文を切り捨てて英語を勉強する人もいる。

日本の古典から学べるのは日本人独特の感性であり、思想である。「もののあはれ」「侘《わ》び寂《さび》」などは英訳できないし、外国人に理解してもらうのは難しい概念である。そして外国人が憧《あこが》れるのは、日本人のそのような繊細な感性なのである。

教養とは、自分が生まれ育った国の思想や哲学、感性などを育むために必要なのである。それをなくしてしまったから、今の日本は無個性で品性のない人間ばかりになってしまったのだろう。

日本人はなぜ思考を磨けないのか

2010年に『ハーバード白熱教室』が日本で大ブームとなり、いまだ覚めやらぬ様子である。私も毎週欠かさず番組を見ていた一人である。

日本では政治や経済については自分の意見を述べられても、「哲学とは何か?」について語れる人は少ないないだろう。「政治哲学」という学問のジャンル自体、日本ではあまり耳にしない。日本では哲学は人気がないし、軽視されている。哲学を学んでもすぐに役立つわけではなく、金儲けもできないし、出世の道具にならない学問であるからである。

日本の政治家を見ている限り、1ミリも哲学を持ち合わせていないのは明白だが、欧米の政治家は確固たる理念を持っている人が多い。たとえそれが他国の侵略の上で成り立っている正義だとしても、自国の利益を最優先に考えるのが政治家の正義でもある。

ハーバード白熱教室に魅了されたのは、講義の内容の高度さだけではない。

マイケル・サンデル教授の講義は、「教科書のどのページを開いて」という日本ではありがちな光景は見られない。サンデル教授は教科書を持たずに、壇上を右に左に闊歩《かっぽ》しながら熱弁を振るい、生徒と議論する。そして生徒はサンデル教授の問いかけに、積極的に自分の意見を述べる。日本のエリートビジネスマンよりもよほどしっかりした意見を述べている学生も多い。

この講義は教科書が必要ないのではなく、生徒たちは事前に本のリストを渡され、講義までに読んでおくように言い渡されているのである。それも相当分厚い本が含まれているので、生徒は必死になって予習をしているらしい。本を読んだという前提の上で、講義を行なっているのである。

しかも、エリート養成校のハーバード大だからというわけでもない。欧米の大学では、これが普通レベルなのである。

日本の大学のように予習も復習も必要なく、代返もOK、講義に出席していれば携帯でメールを打っていようが居眠りをしていようがかまわないというゆるさは、欧米の学生から見れば信じられないだろう。昔から、日本の大学は入学するまでは大変だけれども、入ってしまえば後は楽だといわれていた。今は全入時代になったので、入学するのも楽、卒業するのも楽と、どの時点でも勉強しなくて済むようになってしまった。

日本では大学に入るまでは受験のための勉強であり、大学に入学してからは単位を取るための勉強になる。これでは思考を磨くことなどできない。

すでに大学は知識レベルの高さを示す肩書きにすらなっていない。

最近やたらとテレビで東大卒のタレント、東大卒のお笑い芸人、現役東大生の手品師を見かけるように、日本最高峰だったはずの大学名は目立つための肩書きに過ぎなくなっている。東大生の折り紙サークルがトイレットペーパーで龍や弁天様などの精巧な作品を作り話題になっていたが、「東大に入っておきながら折り紙か?」と呆れ果ててしまう。彼らの多くは官僚や政治家など、将来国の中枢を担う役職に就くのだろう。世も末である。

つまり、日本の学校は、思考を磨く場ではないということである。

これは学生側に問題があるのではなく、学校側に問題がある。本来なら、学生時代は知的好奇心を高めるために存在しているようなものである。日本の学校はそういう場を提供できなくなっている。小学校の教科書はマンガのようになっているし、大学の講義にしても、教授自身が過去に書いた、面白くも何ともないテキストを強制的に使わされる。これでは学ぶ楽しみを体験できないまま学生時代を終えることになる。

学力低下については国内でも危機感があり、ゆとり教育が学力低下を招いたと再び授業時間数を増やす方向にシフトしているが、問題は時間数ではない。教える中身である。

ゆとり教育の批判で日本の学校は授業時間数が少ないようなイメージを植えつけられて

いるが、実際はそれほどでもない。

２００９年のＰＩＳＡのデータによると、９～11歳の履修課程での年間授業時間数は日本７７４時間、フランス９０２時間、フィンランド６４０時間と、日本よりもフィンランドのほうが圧倒的に少ない。

知的なイメージのあるフランスの授業時間数が多いのは納得である。だが、実は読解力、数学的リテラシー、科学的リテラシーとも20位台で決して学力が高いとはいえない。日本は「国際的に見ても学力が低い」と騒いでいる割には、読解力8位、数学的リテラシー9位、科学的リテラシー5位、総合8位と健闘している。

ちなみにアメリカは総合17位。日本の15歳は優秀なのである。それでも学力が低いと焦燥感があるのは、上海が1位、韓国が2位だからなのかもしれない。欧米に抜かれても何とも思わないが、お隣の国に抜かれると急に焦りだす傾向が日本人にはある。

フィンランドは２００３年、２００６年とも総合で1位であり、２００９年はランクが落ちたものの3位だった。つまり授業時間数が少なくても、学力は高いのである。

フィンランドには学習塾はないという。学校で宿題を出されてもなかなかやってこないし、フィンランドの子供はそれほど熱心に勉強していない。授業中には立って歩くことも自由で、水を飲みに行く子供もいる。日本なら学級崩壊だと大騒動になるだろう。

あまり勉強もしていないのに、なぜ学力が高いのか。

そもそもフィンランドには「落ちこぼれ」という概念がなく、留年する子供はゴロゴロいる。留年しても落ちこぼれと言われるどころか、むしろ「長い期間、勉強した」というとらえ方をされ、褒められるのである。授業の内容を理解できないまま卒業するほうが恥であり、分かるまで何年も留年する生徒もいる。学力が高くなるのは当然だろう。

日本も落ちこぼれを出すことにはひじょうに敏感になっている。ただし、日本の場合は全員1位にして落ちこぼれを出さない方法をとる。個々の個性を尊重するどころか、みな同じレベルに当てはめようとする、無個性を促進する教育である。

さらに日本は新卒でなければ正社員にはなれないので、授業を理解していようがいまいが、とにかく卒業しなければならない。分かるまで勉強する余裕などないのである。

フィンランドは「図書館利用率世界一」の国でもある。

学校の勉強には熱心ではなくても、知的好奇心は強い。読書で思考を磨いているのだろう。やはり、社会に出てから強いのは深い思考力を持った人間なのである。それは人間力の基礎であるともいえる。

海外の本は日本語で読め

ところで、私は洋書をほとんど読まない。

日本文化の素晴らしさに感銘を受け、他言語で書かれたものに興味が持てなくなったというわけではない。理由は単純明快であり、日本の翻訳文化が優れているからである。

海外の面白い本はほとんどが翻訳されているし、翻訳されるまでのタイムラグも驚くほど短くなってきている。英語版よりも日本語の翻訳版のほうが早く出るというケースもある。

たとえば、ポアンカレ予想を証明した数学者グレゴリー・ペレルマンの評伝『完全なる証明』。これはマーシャ・ガッセンというユダヤ系のロシア人数学者が書いた本である。

この本は、英語版よりも日本語版のほうが一足早く出版された。しかも、英語版は200ページ程度であるのに対し、日本語版は三百十数ページに及ぶ。英語版では、ロシア語の原本から数学的な解説の部分が割愛されているのである。つまり、マーシャ・ガッセンが書いた原稿をすべて読もうと思ったら、日本語版を読むしかない。

また、各国の子供たちの戦争体験を集めた『私たちが子どもだったころ、世界は戦争だった』は、英語の原書よりも日本語の翻訳版のほうが数段優れている。この本は、日本、アメリカ、ドイツ、フランスなど各国の子供たちにインタビューし、それぞれが語った自身の戦争体験をまとめている。日本の出版社は英語の原書をそのまま翻訳せずに、それぞれの手記の原文を入手し、複数の翻訳家に依頼した。フランス語、ヘブライ語、ドイツ語もそれぞれの原文から翻訳させたので、言葉の持つ微妙なニュアンスなどが再現されている。

これらの例からも分かるように、日本の翻訳文化は卓越している。まれに誤訳をしている翻訳本に出会うこともあるが、日本の翻訳家のレベルはおしなべて高い。

これだけの翻訳文化があるのだから、日本語を読み慣れた日本人がわざわざ洋書を読む必要はないだろう。海外の本で文法の勉強をしようなどと思わないほうがいい。本はあくまでも娯楽のための本であり、参考書ではないのである。語学の勉強のための読書など、本を読む楽しさが半減してしまうではないか。

少数とはいえ日本人は、世界の中でも特に本好きな国民といえるだろう。アメリカ最大の書店チェーンであるバーンズ・アンド・ノーブルでも、ジュンク堂にはかなわない。

「アメリカは出版文化が盛んだ、かっこいい古本屋がたくさんある」などと威張っていても、9階建てのフロアがすべて本で埋め尽くされているジュンク堂池袋本店に連れて行くと、たいていのアメリカ人は仰天する。古本屋がひしめく神田に連れて行ったら、「ここはすべて古本しか売ってない街なのか？」と立ち尽くすだろう。神田のように、街が丸ごと本屋になっているような場所は世界中どこを探してもないからである。

これだけ本を愛している国民が作る本なのだから、優れていないわけがない。日本は120年も前から、坪内逍遥《つぼうちしょうよう》が『シェイクスピア全集』を翻訳していたし、マルクスの『資本論』も出版されるやいなや翻訳されたというではないか。翻訳の歴史が長い国なのである。

さて、洋書はほとんど読まない私も、雑誌に関しては『ロンドン・エコノミスト』『モデル・エンジニア・マガジン』など、英語雑誌を月に4～5冊取り寄せて読んでいる。『ロンドン・エコノミスト』はご存知のとおり世界最高峰の経済誌で、こちらは主に仕事のために購読している。

一方、『モデル・エンジニア・マガジン』というのは、イギリスで出版されているミニチュア模型の雑誌だ。こちらはまったくの趣味で購読しているものである。私は、昔からモデルエンジニアリングと呼ばれる船や飛行機などのミニチュア模型を作っている。『モデル・エンジニア・マガジン』はかなりマニアックな雑誌である。

不思議なもので、自分の趣味に関するものとなると、たとえ単語が分からなくても、どんなことが書かれているのかが完全に理解できる。逆に、ファッション誌などは、ビジュアルが目に飛び込んでくるだけで、何が書いてあるのかさっぱり理解できない。

もし英文を読んで英語に親しみたいと思うなら、自分の一番好きなジャンルの英語雑誌を読むのをお勧めする。趣味の雑誌を読むという目的があれば、英語も理解できる。ただ英語を勉強したくて本を読んでも、内容は身につかないのである。

第4章

日本の英語教育は日本人をダメにする

「小学校の英語教育義務化」で、最後に利益を得るのは誰か？

世界市場で石油に次ぐ国際的な貿易商品は何か、知っているだろうか。穀物や砂糖を思い浮かべる人が多いかもしれない。正解はコーヒーである。コーヒーの全世界での一日あたりの消費量は約20億杯。日本はアメリカ、ドイツに次いで世界第3位の輸入国である。

皆さんが何気なくスターバックスやドトールで飲んでいる一杯数百円のコーヒーを巡って、世界では熾烈《しれつ》な戦いが起きている。何しろコーヒー豆は石油と違って掘れば出てくる天然資源ではない。生産農家が手間隙をかけて栽培する有限の食材である。良質な豆には限りがあるので、世界の商社が奪い合っているのが現実である。

だが、一方でコーヒーの生産農家は極貧の生活を強いられている。

『おいしいコーヒーの真実』というドキュメンタリー映画によると、一杯330円のコーヒーの内訳はカフェや喫茶店、小売や輸入などの業者の取り分が90％で296円、輸出業者や地元の貿易会社の取り分は7％で23円、そして生産農家の取り分は1～3％で3～9円（イギリスのデータによる）。莫大《ばくだい》な利益を生む産業でありながら、地元の農家には収入が入らず、貧困にあえぎ、子供たちは栄養失調に陥り、靴さえ買えずに裸足で作業している。そして農園を手放さなくてはならない事態に陥っている。

映画ではそのような状況から脱するべく、エチオピアのある地域では協同組合を作り、フェアトレード商品として適正価格で販売しようという試みが描かれている。

映画のラスト近くでは協同組合の大人たちが集まって、組合に集まったお金を何に使いたいのかと話し合う場面が出てくる。私はてっきり、食料を調達する、畑を広げる、水道を通す、家を建てる、靴を買うなどの提案でまとまるのかと思った。しかし、そこで一人の男性が学校を建てて子供に教育を受けさせたいと発言する。学校を建設するには資金が足りないと分かると、たとえ自分の服を売ってでも資金を工面すると言うのである。

その日の食べ物にも事欠く地域である。それでも大人たちが選んだのは子供たちへの教育だった。

この切実さが分かるだろうか。

教育を受ければ自立でき、貧困から抜け出せるのだと開発途上国の人たちは信じている。現実的には、学校に通って読み書きや計算を習ったところで、簡単には貧困から抜け出せないだろう。その地域から抜け出すことすら不可能に近い。それでも、少しでも暮らしがよくなることを願い、教育に希望を託しているのである。

日本で教育を受けてきた日本人には、教育は水や電気のように当たり前のものであり、どれほど大切なのかが実感できないだろう。教育は義務であり、学びたくもないことを一方的に押し付けられるものだと考えている。

日本人は、教育は国の根幹に関わるのだという意識が低い。

教育をコントロールすれば、戦争を起こさなくてもその国を滅亡に導けるのである。

それが分かっている中国は、チベットを侵略する際に教育機関としても機能していた寺院を破壊し、僧侶や学者を強制収容所に送った。そして今、学校で使う教科書をすべて中国語に変え、中国語で授業を行なおうとしてチベット人の反発を招いている。チベット語を廃することで完全にチベットを民族クレンジング（浄化）しようとしているのである。

似たようなことが日本でも起きようとしている。第1章で述べたが、小学校でも英語の授業が必修化され、高校の英語の授業はすべて英語で行なわれることになり、中には英語以外の授業も英語で行なっている小学校もある。将来、日本語より英語をまともに話せる子供ばかりになったら、日本はソフトな侵略を受けたも同然である。戦後の民主主義教育から始まり、自由自由と謳《うた》いながら日本人は静かに骨抜きにされている。

アメリカはフセインを倒してイラクに侵略した際に、「日本のようにすればいい」と言い切っていた。アメリカにとって日本は侵略の成功例のひとつなのである。

煽りすぎだという批判も当然あるだろう。

だが、学校が英語重視の教育に舵《かじ》を切ろうとするとき、企業が英語公用化に踏み切るとき、そうすることで誰がもっとも利益を得るのかを考えるべきである。

アメリカは日本をおとなしくさせて飼い殺しにすることで、自分たちの財布代わりに日本を利用している。

海外に留学もしくは赴任するために英語を勉強するのなら、まだ分かる。だが、無自覚のまま他国の言語を教育されるのは、侵略されるのを許すのと大差ない。

すでに日本はアメリカの51番目の州だと皮肉を言われている。これ以上、日本人としてのアイデンティティーを壊されないためにも、英語教育に関してはもっと慎重になるべきだろう。

帰国子女は不幸である

帰国子女は勝ち組だというイメージが定着しつつある。

確かに受験では帰国子女枠があり、一昔前まで有利だといわれていた。だが、今や帰国子女は珍しくなくなり、帰国子女枠は狭き門となっている。合格できるのは日本語がしっかりとできる人というケースも多いらしい。

海外の文化や習慣に通じていて、英語と日本語の両方が完璧に使えるバイリンガルは、それだけで知的レベルが高いと思われている。だが、本当にそうだろうか。日本語が不自由な帰国子女は大勢いる。

実は、母国語と外国語の両立は想像以上に難しいのである。

お茶の水女子大学の内田伸子《うちだのぶこ》教授による研究で、興味深いデータがある。幼児期に異国に住むことになった子供がどのように新しい言語を獲得するかを研究するために、3～5歳でアメリカの幼稚園に転入した日本人の子供を観察したデータである。

その研究によれば、現地の先生の簡単な言葉を理解するのに約2カ月、「ありがとう」「おしっこ」「もういらない」などを、先生に言えるようになるまでは平均して約6カ月かかると報告されている。

子供同士で遊べるようになるには約10カ月かかっている。それも、積み木やブロック遊びなど言葉を使わなくていい遊びに限られていて、絵本やごっこ遊びなど言葉が必要な遊びはしなかったそうである。

さらに、英語圏で生活するようになった日本人の子供が、現地の子供と同じように読み書きができるようになるのにどのくらいかかるかを観察した研究もある。その結果を見ると、7～9歳の子供が一番早く現地の子供たちに近づいていることが分かる。二番目は10～12歳。言葉を覚えるには有利と思われがちな6歳以下の子供では、むしろ時間がかかっている。

この結果は、2つの言語が脳の中でバラバラの体系に分かれているのではなく、根底の部分を共用していることを示している。

人は最初の言語を習得するとき、論理を組み立てたり、類推したり、まとめたり、比較したりといった「考える力」も習得する。二番目の言語は、この考える力を使いながら習得されるのである。

だから、最初に習得した考える力がしっかりしていなければ、二番目の言語は簡単には習得できない。3歳から英会話スクールに通わせても、まったく意味がないのである。

それどころか、考える力がしっかりしていないうちに二番目の言語を覚えようとすると、母国語を習得するのを妨害することにもなる。

それなら、7〜9歳で英会話スクールに通わせればいいのではないかと早合点する人もいるかもしれない。

だが、そうまでして急いで身につけることに何の意味があるのだろう。7〜9歳は日本の学校なら小学校の低学年であり、そのころはまだ日本語すら十分に習得しているレベルではない。現地の言葉を早く習得したとしても、その時点での日本語の理解度に合ったレベルでしか習得できないのである。

海外に住むようになると、今度は日本語を覚える機会がなくなってしまう。日本語の補習校に通う子供もいるが、現地の言葉と日本語の両方を習得しなければならないとなると、相当混乱するだろう。

幼いころから多言語と接しているために、どの言語もまともに話せない、理解できないようになる状態を「セミリンガル」、最近では「ダブルリミテッド」ともいう。この問題が語られるときは、なぜか日本に来たブラジル人などの子供についての問題になっているが、日本人の子供が海外に移住した場合も同じ状態になる。日本語だからダブルリミテッドになる、英語なら問題ないというわけではない。

海外で生まれた日本人の子供をバイリンガルに育てようとしたところ、言葉でうまく伝えられずにすぐにかんしゃくを起こすようになるケースもあるという。幼児期に複数の言語を教えるのは、子供の発達や人格形成をわざわざ妨害しているようなものである。仕事の都合で海外に家族で移住するのならともかく、日本にいながら無理やりバイリンガルにする必要はないだろう。

イギリスで最高の文学賞であるブッカー賞を受賞したカズオ・イシグロは、長崎出身の日本人である。世界的なベストセラー作家であり、『日の名残り』はアンソニー・ホプキンス主演で映画化された。

彼は日本人でありながらも、日本語をほとんど話せないし、日本語の文章を書けない。親の仕事の都合で5歳のときにイギリスに渡り、後にイギリスに帰化した。彼の両親は、バイリンガルに育てるために日本語の勉強を強要するのは彼のためにならないと悟り、日本語を教えるのを早い段階で諦めた。

「もし私が漢字やカタカナを覚えるための教育を受けていたら、歪《ゆが》んだものになっていたと思う」と彼はインタビューで語っている。バイリンガルに育てられていたら、世界的な作家カズオ・イシグロは誕生しなかっただろう。

言葉は人格を形成する骨格となるものである。その国の文化を理解するのも、歴史を理解するのも、その国の言語を自分のものとしているからである。人は言葉によって思考するのだから、その言葉がおぼつかないと、思考まで揺らいでしまうのである。

受験英語が日本の教育をダメにする

日本の英語教育が日本人をダメにする。

このような主張をすると、とたんに「それでは中国や韓国はどうなのか？　英語を猛勉強しているではないか」と反論されるだろう。

中国や韓国の場合、海外で暮らしたい、もしくは外資系企業で働きたいから英語を必死になって勉強するのだろう。中国では一時期、外資系企業の管理職の給与が国有企業の給与の5倍から10倍にも達したので、外資系企業で働くことは「金飯碗」（安定した高収入）を約束するとみなされていた。給料格差が大きい国ほど後進国である。中国人や韓国人のように明確な目標があるのなら、語学を勉強すべきである。

日本の学生の場合、なぜ英語の勉強をするのかといえば、ほぼ１００％が受験のためである。アメリカやイギリスが好きで将来住んでみたい、英語の原著を読みたいといった動機を持っている学生はごく少数だろう。それどころか、今ではよい国内の会社に入りたいから英語を学ぶ人も増えてきた。

何の目的もないのに勉強しても、モチベーションは上がらない。

第1章でも紹介した『英語教育大論争』にて平泉渉氏は、中学・高校での英語教育が成果をあげていないことについて「卒業の翌日から、その『学習した』外国語は、ほとんど読めず、書けず、わからないというのが、いつわらざる実状である」と述べている。

このとき、平泉氏は試案として「高校の外国語学習課程は厳格に志望者のみに課するものとし、毎日少なくとも二時間以上の訓練と毎年少なくとも一ヶ月にわたる完全集中訓練とを行う」「大学の入試には外国語を課さない」などの画期的な提言をしているが、残念ながら実現しなかった。

語学は強制でできるようになるものではない。語学の勉強とは膨大な量の暗記をしなければならないのだから、強固な目的意識に支えられた熱意によってしか習得できないものである。だから強制に頼らざるを得ない入試の英語を排除するべきだ、というのが平泉氏の主張である。まったくもってそのとおりであり、今でも受験のための英語の勉強で国民全員が900時間も人生をムダにしているのである。

受験英語は、教わった英単語や構文をどのくらい暗記できているかを○か×かでテストし、「受験生をいかにして落とすか」という視点で作られている学科である。英語に限らず、受験の対象になったとたん、その学科は学問ではなくなる。暗記力を訓練するための場にすぎなくなる。

江戸末期から明治にかけて、大学生は欧米の書物を原書で読んでいた。日本語に翻訳されたものがほとんどなかったからである。大学では外国人教師が英語で授業をしていた。欧米の新しい知識を勉強するには英語が必要不可欠だったのである。

だから、当時の大学生の英語力のレベルは、相当高かったと考えられる。

その後、日本語に翻訳されたテキストや日本語で書かれた書物が充実するとともに、学生にとって英語は必須ではなくなっていく。大学の授業も、日本人の教師が日本語で行なうようになった。

英語教師であった夏目漱石は、東大英文科の教壇に立ったときに「英語でやろうか、日本語でやろうか」と学生に聞いたという逸話がある。学生は皆「日本語がいい」と言ったそうである。

この時代はまだ、英語は学問だったといえる。実用面での英語の重要度が下がるにつれ、英語は受験専用という色合いが強まっていった。

受験英語の弊害は、テストに関係ないことには見向きもしなくなるという点である。英単語にしても、熟語にしても、無限に記憶できるわけではないので、過去の試験の出題傾向を分析して、出題率の高いものから重点的に覚える。だが、せっかく覚えた単語も、海外ではほとんど通用しない。

たとえば、アメリカ人は食用の種のことを「pits」というが、日本の学校では「種」は「seed」である。それ以外はない。

「目玉焼き」は「sunny-side up」とだけ教えるが、アメリカ人は片面焼きの玉子（sunny-side up）のほかに、両面焼きの玉子（turn over）をよく注文する。両面焼きは、黄身の固さによって「turn easy」「turn medium」「turn hard」という言い方をするし、店の店員も「固さはどうするの？」と聞いてくる。日本のように、何も言わずに固い目玉焼きが出てくることはない。ついでに言うと、日本では目玉焼きを店で注文することは少ないと思うが、アメリカ人は店でも食べる。

現地で実際に使われている単語を覚えるのならまだ勉強する意味はあるが、現地で使われない単語を覚えているのが、日本の受験英語の現状である。

学生時代に何も考えずに暗記するという習慣が身につくと、自分の頭で考えようとしなくなる。考えるより、暗記のほうが数倍も数十倍も楽だからである。

受験勉強はいかに効率よく覚えて処理するかをトレーニングする勉強である。物事を味わい楽しむ余裕はなくなり、すべてがタスク（仕事）になる。だから日本人は旅行に行くときも朝から晩までびっしりとスケジュールを立て、予定通りに観光することに執着する。旅行まで仕事にしてしまうのである。

暗記だけの英語の試験に多少は危機感があるのか、センター試験にヒアリング試験が導入された。それでもしょせん、解答はマークシートなので、「読む」「聞く」力を評価できるとしても、「書く」「話す」についてはまったく評価されていない。書く、話すという段階になって、初めて暗記した単語をどう使うか、どう文章を組み立てるかと自分の頭で考える部分が生まれる。そしてこの2つがコミュニケーションにつながる部分でもある。

暗記中心の英語の試験をほぼ全員が受けなくてはならないという今のやり方は、百害あって一利なしである。

英文科はもちろんだが、医学部など、将来英語が必要と考えられる学部では、読み、書き、聞く、話すを総合的に見る試験を行なえばいい。それ以外の学科は必須ではなく、英語を選択制にすれば、中学や高校の授業も変わらざるを得ないだろう。

日本の官僚がお粗末なのは、悪しき受験制度が原因

日本のエリートでもある官僚の英語のレベルはどれほどのものなのだろう。普通の人の倍以上勉強して官僚になったのだから、さぞかし英語力があるように思える。

カツラや愛人問題が話題になった原子力安全・保安院の西山英彦《にしやまひでひこ》前審議官は、ハーバード大学の法科大学院を出ている。ロシアのメディアのインタビューに英語で答えている動画を見ると、発音はジャパニーズ・イングリッシュだが、自分の考えをつたないながらも英語で伝えられるレベルには達している。ただし、インタビュアーから日本政府はデータを隠蔽《いんぺい》していると国民は疑っているのではないかと突っ込まれて、「データについて理解するのは一般の国民には難しい」と言ってのけたが。

留学した経験のある官僚は、さすがに英語はそれなりに話せる。だが、それはごく一部の官僚に過ぎない。

厚生労働省の医系技官の課長補佐として働いていた村重直子《むらしげなおこ》氏の著書『さらば厚労省』を読むと、キャリア官僚である医系技官のレベルが如実に分かる。医系技官は医師免許を持った技官である。医療現場へ細かい指示を出し、医療費や補助金、研究費などの配分を

決めるなど、日本の医療を牛耳っている存在である。

ところが彼らは医師免許を持っていながら、医療現場で働いたことがない。ほかのキャリア官僚の関門である国家公務員Ⅰ種の試験も受けていない。なぜか小論文と面接だけでキャリア官僚になれてしまうのだという。

医療の分野では常に世界で最新の情報を仕入れておかなければならない。厚生労働省は日本の医療業界のヒエラルキーでトップに君臨する。さぞかし最先端の情報が集まってくるのかと思いきや、何と医系技官は英語の医学論文を読めないのだという。

重要な医学論文を読んでも理解できず、ＷＨＯなどの国際会議に出席しても英語を話せないから海外の人を相手に交渉もできない。外務省の官僚はさすがに英語で交渉できるようだが、医療のプロではない。国際的な場では医系技官はまったく役に立たず、だから新型インフルエンザの騒動のときも、ＷＨＯなどの国際機関から最新の情報を提供してもらえなかった。

つまり、エリートの英語力の未熟さが日本の医療の発展を妨げているのである。こういう職に就く人こそ、本当は必死になって英語を勉強しなければならない「英語が必要な1割」だろう。

そのうえ、前述の西山前審議官を見ていれば分かるように、日本のエリートは品性やモラルのかけらもない。福島の原発事故で、核燃料が１０００度以上の高温になったことを示す放射性物質が検出されたと２０１１年3月12日の時点で分かっていたというのに、２カ月以上たってから公表した。その記者会見で西山前審議官は、「隠す意図はなかったが、国民に示すという発想がなかった。反省したい」と詭弁《きべん》にもならないごまかしの発言をした。愛人問題で更迭されたときには、「実はホッとしている。1日も休みがなかったから」と悪びれた様子もなかった。国を背負って立つという理念もなければ矜持《きょうじ》もない。

なぜ、ここまで官僚の人格はお粗末なのか。それは、学生時代は受験勉強に明け暮れていたからだろう。

中学、高校と脇目もふらずに1日10時間以上勉強し、大学生になってからも公務員試験に向けての受験勉強をするという生活の中で、人格など養えるはずがない。

受験をするからには、他人より1点でも多く取らなければ合格できない。常に人を踏み台にしてのしあがるという環境に身をおいていたら、品性やモラルなど磨けない。自分さえよければそれでいい、という人間を量産するのである。自分は人よりも努力してきたのだと人を見下すようになり、青春を受験勉強に捧げてしまった苦労を取り返すために国家の利益よりも自分の利益を優先するようになる。

また、暗記ばかりを重視する受験勉強をしてきたので、すでにあるものを暗記することはできても、何もないところから一から構築する力はない。だから、日本の政治家も官僚もまともな国家戦略を描けないのである。

現代日本が見習うべき、戦前の英語教育

さて、戦前のエリートはどのような英語教育を受けていたのだろうか。

戦前の学校制度は、小学校の後、中学—高等学校—帝国大学へ進む男子が超エリートであり、全体の数%しかいなかった。ここに進む学生は英語の読み書きはもちろん、英語で行なわれる授業もあったので、ヒアリングの力も必要だった。

明治時代は欧米の教科書を使用しており、国定教科書は格が落ちると思われていた。当時は中学校で英語の授業を週7〜10時間行なっていたので、今以上に英語を勉強していたのである。

明治時代は、英語は文学作品で勉強していた。シェイクスピア、ディケンズ、アーヴィングなどの作品や、ポーやロングフェローなどの英語の詩も教科書に載っていた。暗記するための英文を読むのではなく、ひとつの文学作品を読み、感銘を受けていたのである。学ぶ楽しさとはこういう場面で培われるものだろう。

教科書のほかに、781種類もの副読本があり、定番は「イソップ物語」「ロビンソン・クルーソー」「Biographical Stories」「アラビアン・ナイト」などだった。

とくに、中学では教科書と副読本を使ったハイレベルな授業が行なわれていた。大正期に広く使われていた教材を見ると、語彙数は約1万1千語で現在の英検1級レベルに相当する。当時の中学は義務教育ではなく、進学するのは男子の1～2割だったので、限られたエリートは相当レベルの高い英語教育を受けていたのが分かる。

だが、戦前、英語教育を受けていたのは一部のエリートだけではない。

当時は一般的に、小学校の義務教育を終えると、仕事につくか、職業系の学校に進んだ。職業系の学校とは、実業学校、実業補修学校、青年学校、師範学校などのことである。実業学校では約9割が英語教育を行なっていた。

学校種別では、商業と商船が１００％、工業が90％、農業・水産が70％程度、英語の授業を行なっていたらしい。

とくに商業系の学校では貿易など実務的な必要から外国語が必修で、相当ハイレベルだったようだ。

横浜商業専門学校に通っていた生徒の回想には「エリオットの『サイラス・マアナ』を教わった」と書かれている。『サイラス・マアナ』は夏目漱石が東京帝大英文科で教えた作品なので、そのレベルの高さは察することができるだろう。

また、戦時下で陸軍幹部を養成していた陸軍幼年学校や士官学校でも、25人程度の少人数で、英語の授業を行なっていた。

職業上必要な人が英語を学ぶというごくまっとうなことが、戦前の教育では行なわれていた。現代の日本でも、見習うべきではないだろうか。

インターナショナルスクールを出て成功した人はいない

両親とも日本人なのに、子供をインターナショナルスクールに通わせる家庭は結構多い。

日本の学校教育が信用できないから、という理由でならまだ分かる。だが、子供のころから英語を学ばせたいという理由だけで通わせるのは酷である。それどころか、インターナショナルスクールは学費が高いので、単なるステイタスとして通わせている親もいるだろう。

芸能人の子供のほか、大企業の社長や大使、医者や大手マスコミなど、資産家が子供を通わせるケースが多い。

インターナショナルスクールでは文科省の学習指導要領に沿った教育をしない。授業はすべて英語で行なわれる。学校にもよるが、日本語の授業はまったくやらないところもある。日本語の授業がないところでは漢字はもちろん作文など、日本語の読み書きのトレーニングはできないだろう。

日本の歴史や文化などを学ぶ機会も失われる。

つまり日本にいるのに日本語をまともに話せず、自国の文化を知らない子供を育てているのである。まわりにいるのも外国人の友達なら、英語がメインのやりとりになるだろう。

ところが家に帰ると、日本語しか話せない両親と話すことになる。これでは子供は混乱するだろう。やはり日本語はめちゃくちゃな子供が多いらしい。

将来、海外で働かせたいという目標があるのならともかく、この先も日本に住み、日本で成功したいのなら、インターナショナルスクールよりも普通の学校を選んだほうがいいだろう。インターナショナルスクール出身の人で、日本で成功した人の話などほとんど聞かない。海外に留学するほうがまだ企業でも採用の対象となる。

子供をインターナショナルスクールに入れるという発想は、日本の教育や学校はダメで、海外の教育のほうが優れているという幻想から生まれてくるのだろう。

ニュースなどで報道されるアメリカの社会問題を見れば、貧富の差が大きく、教育の格差もいちじるしい、失業率はちっとも下がらない、学校では銃の乱射事件が何度も起こるなど、問題は山積みで、理想の社会とはとても思えない。

理想を海外に求めるのなら、現地に住むほうがまだマシである。アメリカの子供が日本にあこがれて、アメリカの日本語学校に通うだろうか？

海外に住むほどの勇気はない、でも英語はネイティブ並みに話せるようにしたい。そのような親の身勝手な欲望に振り回される子供の将来を思うと、他人事であっても気の毒である。

石川遼はデビューしてから英語を覚えた

今、日本でもっとも注目されているプロゴルファーの石川遼《いしかわりょう》選手は、16歳3カ月でプロデビューしてからまもなく、日本だけではなく海外のツアーでも活躍する選手に成長した。

才能さえあれば学校に通って勉強しなくてもいいのだと、つくづく実感する。すでに大人の世界に入って日々実戦を積んでいるのである。新卒の社会人よりも、よほどしっかりしているだろう。

彼が「スピードラーニング」という教材を使って英語を覚えたというのは有名な話である。スピードラーニングは、英語のCDを聴き流すだけで英語が身につくというのが売りの教材である。

彼が海外メディアの取材に対して英語で受け答えをするのをテレビで見ると、物怖じしない様子は、さすが現代っ子という感じである。

彼の中学生のときの英語の成績がどうだったのかは知らないが、まさか海外メディアのインタビューに答えられるほどの英語力があったとは思えない。おそらく、デビュー後に海外遠征を視野に入れて勉強したのだろう。

高校生から本格的に英語を勉強しても、目的さえしっかりしていればあっという間に習得できる。やはり早くから学習すれば身につくというわけではなく、何のために勉強するのかという目的が重要なのである。

英語は読む、書く、聞く、話すの技術であると述べたが、英文が読めたり、書けたり、会話ができるだけで役に立つものではない。何を読むのか、何を話すのかというところで価値が生まれる。

敗戦直後、民間人でありながら吉田茂《よしだしげる》に請われて、ＧＨＱが作った日本国憲法草案の翻訳などに携わった白洲次郎《しらすじろう》は、イギリス留学などを経て、読み書きも会話もできる英語力を持ったエリートだった。しかし、吉田茂が彼を呼んだのは、ただ英語ができたからという理由ではない。

吉田茂がイギリス大使だったころ、白洲次郎は近衛文麿《このえふみまろ》のブレーンの一人として行動していた。吉田茂は、敗戦後の日本を建て直すにあたり、彼が必要不可欠な人物であると確信して、終戦連絡中央事務局（ＧＨＱと折衝する日本側の窓口）の参与に迎えたのである。

白洲次郎はイギリス仕込みの英語でGHQの要人と渡り合い、その態度から「従順ならざる唯一の日本人」と呼ばれた。

昭和天皇からマッカーサーへの贈り物がぞんざいに扱われる様子を見て「仮にも天皇陛下からの贈り物をその辺に置けとは何事か！」と怒鳴りつけて持ち帰ろうとしたというエピソードからも、自分の信念に従って、毅然《きぜん》として行動する人物像がうかがえる。

英語だけでは世界とは渡り合えない。

それを分かった上で英語を勉強しないと、英語ができても海外では相手にされないのである。

第5章

英会話を習うより、本を読め！

本章では、タイトルどおり、英会話を勉強するより読むべき本を紹介する。

英会話では英語以上のことは学べないが、読書は世界中のさまざまな分野の知識を得られる。もし自分の世界観を広げたいのなら、本を広げればいい。世界中を旅して回るより、短時間で未知の世界に触れられる。

私は今でも、面白い本に出逢ったときは子供のように興奮して誰かにその感動を伝えたくなる。本棚にしまってもなお、体に興奮の余韻が残っているような本である。

ここで紹介する本は、その感動を伝えたい12冊である。皆さんも、このブックリストを参考にさまざまな本を読み、本当の学ぶ喜びとは読書にあるのだと実感して欲しい。

『ビジネス英語 類語使い分け辞典』

著者：勝木龍、富安弘毅、Sally Kuroda、福水隆介、商洋晃（すばる舎）

英語を勉強するなといっておきながら、いきなり英語の本の紹介である。私はとことんアマノジャクな性格な

ので、許して欲しい。

9割には英語が必要ないとはいえ、1割の人には必要である。だが、現実には日本中の10人に1人が英語が使えるとはとても思えない。東京都心ですら、外国人に道を聞かれそうになって足を速める人がほとんどである。なんとかしてその1割の英語力を向上させなければならない。

その1割の人にぜひ活用して欲しいのが、本書である。

本書はシソーラス（類語辞典）の一種であり、辞書としてだけではなく「読み物」としても、実によくできている。「ああ、そうだよね」と膝《ひざ》を打ちながら読むことができる本なのである。

たとえば「取り除く」の項を見てみよう。

remove　問題を起こしている物を：取り除く
get rid of　自分が望まない物を（話し言葉）：取り除く
eliminate　必要のない物、問題を引き起こしている物を：完全に取り除く
delete　コンピュータ上のファイルなどを：消す
erase　録音・録画されたもの、紙に書かれたことを：消す

cut　映画、本、スピーチなどから：一部分を消す

取り除くという単語ひとつだけで、普段これだけさまざまな場面で使い分けているのだと実感し、「ああ、そうだよね」と膝を打つのである。

この分類に「例文で使い方を確認しよう！」「もっと詳しく知りたい！　使い分けの微妙な違い」「こんな使い方もできる！　慣用表現の豆知識」の3つのコラムで補強する。著者がこんな類語の本を待ち望んでいたというだけのことがある。著者は「本書を覚えようとしないこと。理解して欲しいのだ」という。まさにそのとおり。この本が20年前にあったら、私が英語を習得するのはもっと楽だったかもしれない。

『その英語　ネイティブはカチンときます』

著者：デイビッド・セイン、岡悦子（青春出版社）

英語を勉強するなといいながらも、2冊目も英語に関

する本である。本書を読めば、日本の学校で学ぶ英語がいかに役に立たないのかがよく分かるだろう。

英語にも丁寧な言い回しや乱暴な言い回しがある。ある程度の英語を話せるようだが、ヒドイ言葉づかいをしている日本人をときどき見かけることがある。英語なんて意味が伝わればいいではないかというのは、ネイティブを上司に持ったことのない人の思い込みである。

本書から引用してみよう。

たとえばオフィスで「ちょっとお話ししたいことがあるんですが」というとき、「We need to talk」では「話がある」となってしまう。これは上司が部下にクビを言いわたすときに使うような言い方である。上司に対するもっとも丁寧な言い方は「Could I have a minute of your time?」だ。もはや「話す」などという単語すら使わない。本書ではその2つの文例の間に5つの中間的な言い方を例示する。

つまり、直訳英語ではネイティブをカチンとさせてしまうのである。日本の学校で学ぶのは直訳英語ばかりなので、どれだけネイティブを苛立《いらだ》たせているのだろうか。我々日本人は敬語の使い分けで苦労しているが、英語の丁寧語の使い分けに比べれば、かわいいものである。

本書ではこれ以外に「あいづちを打つ」などの簡単な事例から、パーティで「楽しかった」というときの表現、上司からプロジェクトを頼まれて「なんとかします」というときの言い方、「お静かに願います」というようなパブリックへの言葉づかいまで、50余りのシチュエーション別に解説されている。

ちなみに「あいづちを打つ」の項では、もっともポジティブなあいづちから、もっとも愛想のないあいづちまで7段が例示されている。順に「Oh, I see」「Oh, I know」「I see」「Yeah」「I know」「I know that」「Yes, yes」だ。「Oh」をつけるだけでこれだけポジティブの度合いが上がるのだ。英語の不思議でもある。

ところで、部下を叱るときにもっとも軽く叱る例は「Again?」だが、もっともきつく叱る例は「You idiot!」だ。私もアメリカ人の部下に対して「You idiot!」を使ったことがある。しかし、アメリカ人の上司からは、もっととんでもないことを言われていた記憶がある。まあ、この場合は叱るというよりケンカだったので、このような事例は本書にはない。

『アルバニアインターナショナル
鎖国・無神論・ネズミ講だけじゃなかった国を知るための45カ国』
著者：井浦伊知郎（社会評論社）

英語を勉強する暇があるなら、今世界で何が起きているのか、日本以外の国はどのような問題を抱えているのかについて情報を仕入れたほうが役に立つ。グローバルに働くビジネスマンを目指すのなら、なおさらである。他国の思想や歴史、文化を学ぶほうが、その国に住む民族を深く理解できる。

本書は一部に熱狂的ファンがいる、ブサカル変集者ハマザキカク氏が担当した本である。本書を読んだ時点ではまだ会っていなかったのだが、その後会って意気投合し、今では私が主宰する本のキュレーター集団ＨＯＮＺのメンバーに引き入れてしまった。見た目は長髪、ひげ面、長身なのでいかにも怪しげなのだが、実際に話してみると知的で物腰柔らか、見た目とは裏腹に繊細《せんさい》な好青年である。

その彼が『アルバニアインターナショナル』を自分のブログで紹介している。

滅法面白いので、いささか手抜きになるが少し引用してみよう。

「アルバニアを理解する上で重要なキーワードが『鎖国・無神論・ネズミ講』です。まず日本は近世、鎖国していましたが現代史において鎖国といえばアルバニアというのが常識。その次ぐらいに北朝鮮とかミャンマーが来ると思いますが、冷戦期において『ザ・鎖国』といえばアルバニアというのが定説です」

「また今はモルドバに首位の座を奪われましたが、欧州最貧国でも有名。白人なのに大貧困。そして資本主義、市場経済に全く慣れていないので、1997年には国民の半分以上がネズミ講にひっかかってしまい、国家が崩壊の危機に瀕し、全土が無政府状態に！　一挙手一投足が矛盾・ギャップ・違和感だらけです」

これだけで読んでみたくなるどころか、アルバニアに行ってみたくなる。

ちなみに国家ネズミ講事件の概略を手っ取り早く知りたい方は、Wikipedia「1997年アルバニア暴動」の項を読まれることをおすすめする。このときのドイツの救出作戦名は「ドラゴンフライ」だった。救出された国民を並べると、ドイツ人21人、ハンガリー人14人、日本人13人だった。日本は自国民の救助について、イラン・イラク戦争時のトルコだけではなく、ドイツにも借りがあるのだ。

『なるほどそうだったのか!!　パレスチナとイスラエル』

著者：高橋和夫（幻冬舎）

私が本書を手にしたのは、パレスチナとイスラエルの関係について知りたかったからではない。ノルウェーという国を知るためである。

中国が劉暁《りゅうぎょう》波《は》のノーベル平和賞受賞に対して、ノルウェー政府に圧力をかけている。当然予想されたことであり、ノルウェーにとっては覚悟の授賞決定だったはずだ。この件では中国の横紙破りぶりだけが報道されたが、ノルウェーの意図や覚悟についての報道はほとんどなかった。

ノルウェーを理解するために本書を買った理由は、第3章「ノルウェーとイスラエル・パレスチナの関係」にある。ノルウェーに1章を丸ごと使っているのである。このような本は稀《まれ》である。

その第3章から抜き書きしてみよう。

「GDPに占める（国外援助額の）比率は1パーセントに近い。この比率は世界一である。ノルウェー人一人当たり6万円くらい」「こうした気前の良い援助が可能なのは（中略）サウジアラビア、そしてロシアに次ぐ世界第3位の石油輸出国である（から）」

なるほど、そうだったのか。中国からの制裁など、〝へいちゃら〟なのだ。当然国民一人当たりのGDPは日本のそれより大きい。

ノルウェーは親イスラエルだという。実際イランがイスラエルと断交したときにはノルウェーがイスラエルに石油を供給している。その裏にはナチスに対する被害者意識の共有があるらしい。ともあれノルウェーはイスラエルとPLOの和平を仲介し、1993年にはオスロ合意を成立させた。ノルウェーは北極圏に蟄《ちっ》居《きょ》する、怖いもの知らずの田舎者ではけっしてないのである。

本書では取り上げられていないが、イスラエルは自国海域で巨大天然ガス田を発見している。イスラエルの消費量の100年分に相当し、さらに大きなガス田も見つかる公算が大きい。結果的にノルウェーとイスラエルという仲の良い先進国がエネルギー資源で発言力を増すのかもしれない。

ところで、この原稿を書いている最中にノルウェーで連続テロ事件が起きた。

爆弾と銃乱射により、たった一人の男が77人もの無実の人を殺害したのである。平和な国で起きたノルウェー史上最悪のテロ。日本人にとっての憧れの国である北欧も、さまざまな問題をはらんでいるのである。

『ヘンテコピープルUSA』

著者：ルイ・セロー　翻訳：村井理子（中央公論新社）

本書は日本企業が世界に進出するうえで、多様性とは何かを知るためのよきガイドブックとなるかもしれない。

おそろしく読み応えのある「解説」が付属している本である。なんと村上春樹《むらかみはるき》がたっぷり6ページの解説を書いているのだ。村上は本書だけではなく、先行したテレビ番組も見てから、この解説を書くという念の入れようである。それもそのはず、村上は1987年に本書『ヘンテコピープルUSA』の著者ルイ・セロ

ーの父親であるポール・セローの著作を翻訳している。しかし、大作家の村上が友人の息子だからという理由でここまでの評価をするいわれはない。本書はそれ自体に妙な魅力がある。

英国BBC放送でアメリカの「へんてこ」な人たちをテーマにした番組を作っていた著者は、後日彼らを再訪する。本書はその記録である。UFOを信じる人たち、ハードポルノ役者、公認売春宿、白人至上主義者、詐欺師、ネオナチの主婦などが登場する。

だが、著者はアメリカ人の病理を研究しにいったわけではない。イギリス人特有の距離感で彼らに接し、会話をしながらも困惑し、同感してしまいそうになっている。取材対象との会話は脱力系そのものである。

そもそもイギリス人は「モンティ・パイソン」や「Mr.ビーン」など、脱力系で妙な人たちを主人公にした番組を作り続けてきた。しかし、本筋は妙な人たちの存在を笑いながら許容し、実は自分たちも同じだと自嘲する内容だった。本書でもその伝統はいかんなく発揮されているようである。

大英帝国時代、イギリス人は彼らから見ると妙な人たちを支配していた。インド人もアフリカ人も中国人も妙な人々に見えたはずだ。しかし、大英帝国は民族の多様性を許容できず、ローマ帝国のような長期間の支配は叶《かな》わなかった。それを今になって笑っているのである。

ところで、アメリカ人は神が人類をつくったのだと国民の半分が本気で信じ、進化論を否定しているヘンテコな人たちばかりである。最先端の医療や産業の技術を次々と生み出す国なのに、頭がいいのか悪いのかよく分からない。日本人がアメリカ人の考えを理解できなくても、なんら不思議はないだろう。

『グーグル秘録』

著者：ケン・オーレッタ　翻訳：土方奈美（文藝春秋）

まさにデジャヴでもみているかのような物語である。グーグルもいつかは陳腐《ちんぷ》な大企業になり、それにつられて被害者であるメディア業界や広告業界も気を取り直して反撃に転じ、創業期の

メンバーが退職し、やがて若い会社と新しいビジネスモデルの出現に呆然と佇《たたず》むであろうことを確信した。それはまさにマイクロソフトが辿《たど》った道なのだ。

3章は初期のグーグルを語っているパートだ。オタクのディズニーランド、漠然とした事業計画、遊び心はあるが社交嫌い……細部にわたるまでマイクロソフトの初期と重なる。創業者の、平均からの逸脱度や方向もほぼ同じである。

これからのグーグルを予想する最終章では、「聞く耳を持たぬグーグル」、「経営の焦点がボケはじめている?」などの見出しが並ぶ。マイクロソフトに比べ、グーグルは成長も早かったが、老化も早いのかもしれない。

ともあれ、マイクロソフトもグーグルもアメリカでしか生まれようのない企業である。日本でベンチャー企業が成長しないことを嘆く必要はない。ヨーロッパでもアジアでも、この2社のような企業は生まれようがないのである。本書はその謎を解き明かす糸口になるかもしれない。

第1に創業者の激烈な性格である。高知能にして傲慢《ごうまん》、激烈な功名心と徹底的な猜疑心《さいぎ》、その度合いはアメリカ以外の先進国では正常とみなされないかもしれない。しかも、彼らは世間から攻撃されやすい自分たちを隠すために、CEOを雇い入れる悪知恵も持ち合わせている。

第2にその創業者の可能性に群がる無数の技術系社員候補と、ベンチャーキャピタルの存在である。両者ともリスクをとるのを恐れない。ごく初期に人・物・金を一気に集めることができるのはアメリカだけであろう。

第3に英語圏のもつ経済力である。グーグルが日本語やフランス語から出発していたのでは、広告で身を立て、圧倒的な影響力を持つことはできなかったであろう。

つまり、日本はアメリカの真似をしたところで、アメリカと同じように成功することもなければ、超えることもできないのである。そろそろ目を覚まし、日本独自のすぐれた面に眼を向けたほうがいい。

『アーティストの言葉　美の創造主たちの格言』

（ピエ・ブックス）

おそらく若いアーティストを対象として出版された本である。

見開きで一人のアーティストが登場する。右のページにはそのアーティストの代表的な作品が、左に言葉が載っている。

これは単に著名な芸術家について知るための本ではない。帯に書いてあるように「才能の伸ばし方、発想法、成功の秘訣《ひけつ》、次代を拓《ひら》くヒント、道の極め方、スタイルの見出し方」について読者が勝手に考えるための本である。

実は、取り上げているアーティストの選択も、それぞれの作品の選択も、格言の選択も、じつに微妙である。だが、その妙なアンバランスさが不思議な味わいを醸《かも》し出している。

たとえばロバート・キャパ。有名な『崩れ落ちる兵士』の写真に添えている格言は、「写真を芸術であるという人は　アマチュアである。偉大な人は　それを

専門の職業だと答える」。この写真に合わせるのなら、ほかの言葉はなかったのだろうか、と思わなくもない。

ゴーギャンは『タヒチの女たち』に添えて「自由に　そして狂ったように仕事をしなさい。そうすれば君は進歩し　価値ある人間だったら　いずれは認められる」。この格言に合わせるのなら、ほかにもふさわしい作品はあるのではないか、と思わなくもない。

このように微妙な構成ではあるが、作品からインスピレーションを受けることもあれば、格言に共感し、人生の指針を見つけることもあるかもしれない。そもそも、アートとは自由に感動し、自由に解釈していいのである。それに気づかされる一冊でもある。

『ぼくらの頭脳の鍛え方』

著者：立花隆・佐藤優（文春新書）

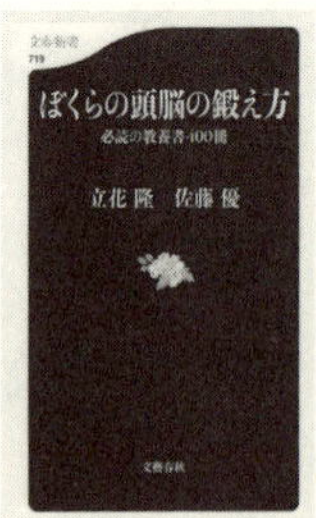

「知の巨人」立花隆と、「知の怪物」佐藤優が400冊の愛読書を持ち寄って対談したという、知の集大成とも言える本である。真の教養とは何か、本書からいかんなく学べる。

佐藤優は相変わらず衒学《げんがく》趣味の匂いがする知の怪物なのだが、あくまでも「文系の知」でしかないように思えてしまう。つまり世界の半分しか知らないということになる。しかし、その世界の半分について佐藤はまさに比類なき「怪物」である。

それに比べて立花隆は本物の知の巨人である。

「今、教養という言葉は死語になりつつある。万巻の書を読みつくせる人はいない。結局は、人生の残り時間を確認しながら、最大の成果を得られるように計画を作るしかない。（そのためには）知識の系統樹が頭に入っていることが大切だ」と語り、読者に薦める読書法は「巨大書店の書棚をすべて隅から隅まで見て回ることです」。まったく同感である。

立花隆は読書に役立つ14カ条を1982年に書いているので、その中から抜粋してみよう。

1.「金を惜しまず本を買え」、まったく同感だ。

2.「1つのテーマについて類書を何冊か求めよ」、まったく同感だ。

3.「選択の失敗を恐れるな」、まったく同感だ。

4.「自分の水準に合わないものは、無理して読むな」、まったく同感だ。

7.「本を読みながらノートを取るな」、まったく同感だ。

8.「人の意見やブックガイドのたぐいに惑わされるな」、まったく同感だが互いに自己矛盾。本書を今、ブックガイドで紹介しているのだから。

9.「注釈を読みとばすな」、まったく同感だ。

10.「本を読むときには、懐疑心を忘れるな」、まったく同感だ。

13.「翻訳は誤訳、悪訳がきわめて多い」、まったく同感だ。

そして最後の14条は「大学で得た知識など、いかほどのものでもない。社会人になってから獲得し、蓄積していく知識の量と質、特に20代・30代のそれが、その人のその後の人生にとって決定的に重要である。若いときは、何をさしおいても本を読む時間を作れ」である。

本書で私が伝えたかったこと、そのものである。やはり英語を勉強するより、本を読め！　という結論に落ち着く。

『友達の数は何人？　ダンバー数とつながりの進化心理学』

著者：ロビン・ダンバー　翻訳：藤井留美（インターシフト）

2年前の2011年に読んだ本だが、その年読んだ本でベスト3に入るほど面白かった本である。

本書は、理数系が苦手な人にこそ読んで欲しい。

著者はオックスフォード大学の認知・進化人類学研究所所長である。「気のおけないつながりは150人まで」という「ダンバー数」の発案者である。この150人とは部族、軍隊など実際の集団だけでなく、SNSにおいても見出すこと

ができるとして、ネットで有名になったらしい。

本書は生物の進化を縦糸にし、科学の森羅万象を横糸として織り上げたタペストリーである。ひどく上質な科学トリビアも織り込まれている。どれだけのものが織り込まれているか抜き出してみよう。

パソプレシンというホルモンがある。ある研究者がこのホルモンの受容体に関わる遺伝子を突き止め、パソプレシンの対立遺伝子（対《つい》になった形質を支配する遺伝子）334を持つ男性を調べてみた。すると、この対立遺伝子を持っていない男は単婚、コピーがひとつあれば多婚の可能性があり、2つ持っていれば完全なる遊び人だと判明したのである。

女性から見れば、対立遺伝子を持っていない男性が結婚相手にふさわしいということになる。科学は、婚活にも役立つ分野なのである。

科学は難しいというイメージを持っている人は、本書を読み、科学に親しむきっかけをつくって欲しい。

『特命全権大使　米欧回覧実記』

編著者：久米邦武　訳：水澤周（慶應義塾大学出版会）

これほど面白い本にはめったにお目にかかれない。学校の歴史の授業が苦手で、社会人になってからも苦手意識を引きずっている人に、ぜひ読んで欲しい。歴史とは暗記する勉強ではなく、ストーリーを楽しむ学問なのだと分かるだろう。

本書は明治4年に1年9カ月をかけて世界を歴訪した岩倉《いわくら》使節団の旅行記である。著者の久米《くめ》邦武《くにたけ》は天保10年生まれ、昭和6年没の元佐賀藩士である。後に帝国大学教授になる。

この旅行記を書いたとき、久米は32歳である。全権大使の岩倉具視《ともみ》は47歳、副使の木戸《きど》孝允《たかよし》が39歳、同じく副使の42歳、同行した工部大輔《たゆう》の伊藤《いとう》博文《ひろぶみ》はなんと31歳である。一行はこの幹部たちに留学生となる8歳の津田《つだ》梅子《うめこ》、11歳の牧野《まきの》伸《のぶ》顕《あき》、13歳の団琢磨《だんたくま》などを加えた１００名を超える編成だった。歴史の教科書に出てくる人物のオンパレードである。ちなみに大久保《おおくぼ》利通《としみち》を父にもつ牧野伸顕はこのあと米国にとどまり、のちに大政治家になるのだが、麻生太郎《あそうたろう》は曾孫《ひまご》にあたる。

明治政府はこの旅行において不平等条約改正の下交渉をもくろんでいたが、実際の目的は当時の日本最高の頭脳を持つ若者による視察にあった。当然、久米もただものではない。旅行記なのだがまるでビデオでも見ているような風景描写、正確な統計数字、そしてなによりも久米自身による論説がいまでも新鮮そのものである。

久米はビジネスマンとしての素養ももっていたらしい。サンフランシスコのワイン作りについて報告しているのだが、ワインの生産量や販売価格はもちろん、ビンはパリからの輸入品で1・75セント、コルクはスペインからの輸入品で5個で2セントなどと報告している。

久米はいう、「ワインのビンをフランスからわざわざ輸入している理由は、ワインはフランスの名産であって、ボトルにせよ荷姿にせよフランスの名を借りないと市場では流通せず、貿易において名声〈顧客の信用〉は巨万の富以上に大切なのである」。つづけて久米は「拙劣なビジネスにおいては小さな利益をつかみとろうとして、名声の方を捨ててしまう」と戒める。

100年以上前の日本人がブランドや信用についてこれほど明確に理解していたとは驚かされる。本書は単なる歴史的な書物ではなく、現代のビジネスマンにとっても意味をもっと思われる理由がここにある。

本書はNPO法人「米欧亜回覧の会」の水澤周氏によって現代語訳された。この訳がまたすばらしい、の一言に尽きる。

ただし本書は5分冊、総ページ数2145の大著である。第1巻はアメリカ編、第2巻はイギリス編、第3巻から第5巻はヨーロッパ大陸編であり、ロシア、フランス、イタリアといった主要12カ国を巡っている。

当時の日本人が、外国で何を見て何を感じ、何を日本に持ち帰り、どう伝えたのか。それを想像するだけで、本を開く前からワクワクするではないか。

『私たちが子どもだったころ、世界は戦争だった』

著者：サラ・ウォリス、スヴェトラーナ・パーマー
翻訳：亀山郁夫、田口俊樹、関口時正、河野万里子、赤根洋子（文藝春秋）

第3章でも紹介した、各国の少年少女たちの戦争時の手記を集めた本である。

登場するのはポーランド、イギリス、フランス、ドイツ、アメリカ、ロシア、そして日本の10代の少年少女たち。本書冒頭に顔写真が掲載されており、全員がじつに聡明そうである。編著者は手記を選ぶにあたり、語り口のユニークさと文章の質を考慮したという。他に抜きんでた才能を持った少年少女たちだったのだろう。

これまで少なからぬ量の戦争文学を読んできたが、いまだに『アンネの日記』ほどの強い印象を持った本はない。それは大人が意図を持って書いた「文学」ではなく、少女が目の前にある現実と心情を、ある意味で無機質に描いたからである。本書もまたその印象が強い。

選ばれた日本人は、太平洋戦争開戦時に19歳だった少年と12歳だった少女である。この二人の手記は、かなり身につまされる。少女は月夜の美しさを縷々《るる》語ったあと、「この時代に生れ合せた事を苦しみはかぎりなく有るけど、又ちょっと『えらいでせう』ってほこりたい気持におそわれる」と続ける。しかし、その後「久木元さん（21歳の飛行訓練生）はきっと母と二人で私が泣いて泣いてお見送り後には一日ぼんやり涙ぐんで居た事など夢にも思わずに居るでせう」と綴《つづ》る。

戦争とは何か、人はなぜ戦うのか、考えずにはいられない一冊である。

特筆すべきは、翻訳陣の顔ぶれである。ドイツ語は赤根洋子《あかねようこ》、ロシア語は亀山郁夫《かめやまいくお》、フランス語は河野万里子《こうのまりこ》、ポーランド語は関口時正《せきぐちときまさ》、英語は田口俊樹《たぐちとしき》。まさにドリームチームである。

『逝きし世の面影』

著者：渡辺 京二（平凡社ライブラリー）

著者は在野の思想史家・歴史家である。１９９８年に福岡の出版社から刊行され、絶版になったものを平凡社が文庫化した。以来20刷を超えた現代の名著だ。これからも長期間にわたって何十万人という人に読まれ続けるであろう。

幕末から明治初期にかけて来日した外国人の記録を丹念に読み込み、陽気な人びと、簡素と豊かさ、親和と礼節、自由と身分、女性の位相、子供の楽園など14の章でその記録文を紹介しつつ、日本の近世を考察する。

参考文献として挙げられているのは英語文献21、邦訳文献１２８、日本語初出文献21の合計１７０冊に及ぶ。平明にして読みやすい文章に、当時の図版も豊富に使われていて、この大部をどこで区切って栞《しおり》を挟むかに悩まされる。

スイス人アンベールは日本人の特徴として「陽気なこと、気質がさっぱりとして物に拘泥《こうでい》しないこと、子供のようにいかにも天真爛漫《らんまん》であること」という。アメリカの生物学者モースは日本には「貧乏人は存在するが、貧困なるものは存在しない」と断言する。ドイツのベルクは日本家屋の清潔さを「汚れた長靴で立ち入るのをはばかるほどだ」と表現した。

全編を通じて当時の日本は多くの西洋人からみて、楽園のようだったということがよく分かる。もちろん批判者もいる。当時の宗教者や現代日本の評論家など、すなわち知識人たちである。しかし、当時の日本人がそうであったように、素直な目で外国人たちの記録を読むかぎり、時空を超えて旅行ができるならば、もっとも行ってみたい旅行先だ。

英国の詩人アーノルドは、日本人は「誰もが多かれ少なかれ育ちがよいし、『やかましい』人、すなわち騒々しく無作法だったり、しきりに何かを要求するような人物は、男でも女でもきらわれる」と観察した。現代の他国との比較は意味がないのだが、世界中からバカにされる大国よりも、好かれる小国でありつづけたいという思いを強くする本でもある。

第6章

それでも英語を勉強したい人へ

～成毛流英語学習法

私は英語を勉強しなかった

さて、今までの章でさんざん英語について批判的な意見を述べてきた。

実は、私はこれといって英会話を勉強したことは一度もないし、海外に住んだ経験もない。

大学卒業後、自動車部品メーカーに就職したものの、転勤先の土地柄に馴染めず、アスキーという出版社に転職することにした。意気揚々と新しい職場に出勤したら、いきなり子会社への出向を命じられてしまった。その子会社とは、当時アメリカのマイクロソフト社と提携し設立していたアスキーマイクロソフト、マイクロソフト日本法人の前身である。

私は出版に興味があってアスキーに転職したのだが、コンピュータという新しい技術に可能性を感じていたので、出向の辞令に二つ返事で飛びついた。その時点では、英語が必要になるなど、考えもしなかった。辞令を下した上司も、私が英語を話せるかどうか確認すらしなかった。

だから当然のことながら、マイクロソフトで実際に外国人と仕事をするようになったとき、彼らの話している英語の99％は理解できなかった。会話の中で時折聞こえてくる、商品名らしきものが分かる程度だった。

しかし、そんな状態でスタートしたにもかかわらず、私は半年もしないうちに一定レベルのビジネス英語を使えるようになった。社内で特別な訓練を受けたわけでもないし、駅前留学をしたわけでもない。出張でアメリカに行くことはあっても、滞在するのは1、2週間程度。合計すると2年間ぐらいアメリカにいた計算にはなる。

そのような細切れの状態でなぜ英語を話せるようになったのか。

私の場合は、耳がいいのかもしれない。

たとえば海外のドラマを観ていてきれいな発音をしている俳優が出てくると、そのセリフを繰り返し真似てみる。それだけでも結構覚えられるものである。

それに加えて現地に行けば嫌でも英語のシャワーを浴びる。たとえば空港でチェックを受けるときに聞かれることも、レストランで食事をするときに聞かれることも同じである。毎回同じことを聞かれれば覚えられるし、どう答えればいいのかも分かる。そうやって、ほとんど実地で覚えていったのである。

だから私はまともに英語を勉強したことなどない。

それでも、自分がどのように英語を習得したのかを考えたところ、これから英語を勉強したい人の参考になることも多少はあるのではないかと思い至った。

ここからは、英語不要論をさんざん述べてきたにもかかわらず、それでもあえて英語を勉強したい人のために私流の英語の勉強法を伝授しようと思う。目的があって留学したい人もいれば、英語が社内公用語になった、海外出張が決まったなど、どうしても英語を勉強しなければならない人もいるだろう。

まともに勉強してこなかった私の学習法でよければ、参考にして欲しい。

英会話のカテゴリーを理解する

まず「英会話」は、大まかに3つに分けることができる。

1、日常英会話

文字通り日常生活の中で交わされる会話である。簡単な挨拶から、道をたずねる、買い物や食事をするなど、日常のいろいろな場面で使える会話が中心。英会話の入門編のように考えられがちだが、実際の日常生活の会話は多岐にわたっているし、ときにはイレギュラーなことも起こるのでなかなか奥が深い。

頭の中では日本語で考え、それを英作文にして言葉にするというレベルである。英語圏では、日常英会話を習得できれば不自由なく暮らせる。

2、ビジネス英会話

仕事で使う英会話である。それぞれの職業に特有の専門用語や言い回しはあるものの、バリエーションとしては決して多くない。仕事上の問題がなければ、習得したといえるだろう。一般に難しいと思われているが、中学・高校で英語を勉強した人なら問題なく使えるようになる。

3、一般英会話

目標は日常会話＋文化や思想など、日本語で話すとしても難易度が高い内容の会話ができるレベル。字幕なしで映画が観られる、冗談を飛ばせる、人生や哲学について語り合うことができるなど、ネイティブ並みに話せる英語力である。

このレベルになれば、頭の中でも英語で考えることができる。マスターするのはひじょうに困難である。

この3つは、別々の言語くらいの違いがあると考えて学習したほうがいい。

3つをすべて身につける必要はないだろう。自分に必要な英会話をマスターすればいい。漫然と勉強しても身につかないので、どのような目的で、どのような場面で使うのかを考えて選ぶべきである。

英会話スクールはネームバリューより講師で選べ

自分がどの英会話を習得したいのかが決まれば、次はスクール選びである。

今までの章で「英会話スクールに通うのはムダだ」と断言したが、背に腹はかえられない状況の人もいるだろう。

まずは日常英会話、ビジネス英会話など学びたいカテゴリーの英会話を教えてくれるスクールを探すところから始める。スクールによって得意分野は異なるので、実際に体験入学をしてから決めること。

英会話スクールを選ぶうえでの重要なポイントは、やはり講師である。大手スクールであれば必ずいい講師がいるわけでもないし、人によってはネイティブの講師ではないほうがいい場合もある。

英会話スクール選びは、病院選びに似ている。有名な大病院であっても、実際に診《み》てくれる医者の腕が悪ければ、かえって症状は悪化する。街の個人医院のほうが丁寧に診てくれるので信用できる場合もある。自分が信用できる講師、相性のいい講師を探すのは、主治医を探すのと同じぐらい難しいだろう。倒産するスクールも多いので、経営状況も調べておくのは基本である。

講師との相性は、たいてい5分も話せば分かるはずである。同性でも異性でも構わないので、自分の感覚を頼りに選んだほうがよい。

次に、講師としての資質を確かめよう。資質というのは学歴や経歴だけではなく、どれだけ知識があるのか、教えるのがうまいかどうか、という点である。とくにビジネス英語は企業で働いた経験のない講師には教えられない。体験入学のときに、「ビジネスの交渉の場面でこう聞かれることが多い。英語でどう返せばいいのか」と実例を出してみると判断材料にできる。

何より、知性やユーモアのある講師でなければ、授業はつまらないだろう。学校の授業とは違うのだから、会話を楽しみながら身につけるほうがいいのは間違いない。

英会話の基本はマンツーマン

断言するが、英会話はマンツーマンでないと身につかない。

おそらく、英会話スクールもそれぐらいは分かっているだろう。だが、効率よく利益を得るためにはグループレッスンや通常の塾のような人数での授業のほうがいいのは明白である。

たとえば、5人のグループレッスンなら、自分が話す時間は個人レッスンの5分の1になる。個人レッスンなら、自分が話す時間以外は先生の英語が聞けるが、グループレッスンでは他の生徒の下手な英語を聞いている時間が圧倒的に長くなる。それでもレッスン料は個人レッスンの5分の1にはならない。

グループレッスンならレッスン料もリーズナブルで気軽に始められると宣伝されているが、いつまでたっても英語が話せるようになるわけではない。だから、スクールに通う人はいつまでたっても減らないので、ビジネスとしてはひじょうに上手いやり方なのかもしれない。

語学が上達するコツは、会話をすることである。だから英語の本を読むだけでは上達しないし、通信販売の英語のＣＤを聴くだけでも上達はしない。人と会話をするのが語学を習得するもっとも近道である。相手の話を聞いて、自分の言葉で返す。外国語に限らず、母国語もそうやって人は身につける。赤ん坊は周りの大人から「ママ、パパ」と言葉を教えられて、自分で発音して覚えていく。英語もそれと同じで、英語圏の赤ん坊もそうやって英語を話せるようになる。

だから難しく考える必要はない。赤ん坊が言葉を覚えるように、大人も英語を覚えられる。

当然のことだが、学校で教師一人が30～40人のクラスを受け持つ授業ではさらに話すチャンスは少ない。学校で教わっても話せるようにならないのは、純粋に人数の問題でもある。先生の後について復唱しても、会話ではないので身につかないのである。

だから、少しでも早く英会話を身につけたいのなら、個人レッスンに限る。グループレッスンとくらべるとレッスン料は高いかもしれないが、個人レッスンでないのなら習っても無駄である。

日常英会話はフレーズで覚えるのが基本

英会話と聞いて、多くの人がイメージするのが日常英会話だろう。

たとえば、挨拶。

「おはようございます」「こんにちは」「さようなら」

あるいは、

「私は日本から来ました」「空港はどこですか?」「コーヒーをください」

この程度ならあえてスクールに通うこともないだろう。

では、次の一言はどうだろう。

「(ホテルの)部屋のお湯が出ないのでなんとかして欲しい」「緩衝材《かんしょうざい》付きの封筒はどこで買えますか?」「5ドル貸してくれない?」「お腹が痛くてたまらない」「家まで送っていくよ」「次はどこの店に行く?」「この曲すごくいい感じ」

日常英会話も覚えることは無数にある。日本語と同じように英語も日々変わっていくし、新しい単語や言い回しが出てくるので、それに合わせて覚えなければならない。たとえば、慣用句集などによく載っている“Go Dutch”(オランダ流でいこう=割り勘にする)

は使われているのを聞いたことがない。言葉は生き物なのである。

以前、20代の若者が営業にやってきたときに、「もし条件を見直してくれるなら、もう一度考えてみるのもやぶさかじゃない」と言ったら、若者はきょとんとして「やぶさかってどこにある坂ですか?」と聞き返したというエピソードを聞いたことがある。「やぶさかじゃない」という言い方は、今や死語に近いのだろう。年配の人も、「やぶさか」の語源が何なのか、なぜそのような言い方をするのかは知らないまま使っている人が大半だろう。

日常会話をマスターするなら、日常的によく使われるフレーズを覚えるのが効率的である。単語を一つ一つ覚えるより、フレーズで覚えてしまうのである。

Thank you を Thank ＋ you と分けて考える必要がないのと同じで、Here we go. や Don't miss it! なども、あえてバラバラにする必要はない。また、きっちり和訳してみる必要もない。そのときの状況によって「写真を撮るよ」だったり「出発するよ」など意味が変わるので、感覚的に覚えておけばいいだろう。フレーズの中の、一つ一つの単語の意味は分からなくても構わない。固まりで理解して話すのである。

What is the date?(今日は何日?)と What day is it today?(今日は何曜日?)など、

まともに訳そうと考えれば考えるほど混乱する。「What day」のほうが「何日」にあたるのではないか、英訳のほうが間違っているのではないか、と疑いたくなるだろう。

「ツイてたな」というときの「I lucked out today!」にしても、何がoutかよく分からない。つまり、フレーズは意味を考えるというより、そういうものだと思って覚えるしかないのである。

単語力はヒアリング力をアップさせる

日本の学校では、中学卒業までに約1000語、高校卒業までに約2500語と、習得するべき英単語の数が決められているが、日常英会話で役立つものは意外に少ない。

たとえば、牛肉はbeefだと思われているが、アメリカのレストランのメニューにはveal（子牛）と書かれていたりする。また、部位によってchuck（肩ロース）、sirloin（サーロイン）、rib（骨付きのあばら肉）、shank（すね肉）、skirt（はらみ肉）などの表現がある。

私が赴任先のシアトルで日常会話に取りかかったのも、レストランのメニューからだった。まず、メニューに載っている英単語を片っ端から頭に叩き込んでいって、自分の食べたいものを自由にオーダーできるようになるところから実践した。メニューの英単語と出てくる料理の両方を睨《にら》みながらひとつずつ覚えていった。そうするうちに、英単語を覚えるつもりがメニューそのものも、ほぼ覚えてしまったほどだった。

それ以外にも、観葉植物やドアの蝶番《ちょうつがい》、蛍光灯、冷蔵庫といった部屋の中にあるものを英単語として覚えた。地名や店の名前、天気予報やテレビコマーシャルなど、身の回りにあるもの、起こること、あらゆるものを英単語として覚えた。

知っている英単語が増えてくると、自分が話せるようになる前に、相手の話していることが聞き取りやすくなる効果がある。

ひとつの単語さえ聞き取れたら、それを手がかりにして聞き返すこともできる。たとえば「Newspaper」だけしか聞き取れなかったとしたら、とりあえず「Newspaper?」と鸚鵡《おうむ》返しをする。そうすれば相手は、もう少し丁寧に説明してくれるだろう。たとえ、前後のフレーズはまったく聞き取れなかったとしても、「新聞を読んだかと聞いているのかな」と大体予測できる。

英会話を始めるとき、自分が話すことばかりを優先しがちだが、実はヒアリングに重点を置くほうが実際の会話では役に立つ。ヒアリングに70%、話すほうは30%くらいの配分でレッスンを受ければいいだろう。

英語の字幕付きまたは字幕なしの映画は、ヒアリング力を鍛えるのに使える。海外のテレビドラマもいいテキストである。英語のセリフを聞き、自分で発音してみる。最初のうちは何を言っているのか分からないかもしれないが、やがてひとつか2つの単語を聞き取れるようになると、セリフ全体が聞き取れるようになる。

英単語は、なるべくよく使うものから覚えたほうがいい。かつては、教科書英語の定番だったペンや辞書も、最近はあまり使わないので、携帯電話やパソコン、「ググる」という単語を覚えるほうが、役に立つだろう。

自分が何かを伝えたいときは、思いつく限りの単語を並べて訴えるところから始める。日本で外国人が「私、お母さん、妹、日本、います」と説明したとしたら、本人のほかに母親と妹が日本に住んでいるんだなと理解できるだろう。

同じことを、英語でやればいいのである。文法や時制、S＋V＋O＋Cなどの細かいことは無視して、思いつく限りの単語を並べてみる。

相手は、何か言いたいことがあるのだと理解してくれる。「I want go theatre, movie, tomorrow.」などと言えば、明日映画に行きたいんだな、と大体の意味は伝わるだろう。

語学の場合、実際に使ってみて恥をかくことで上達するような部分がある。現地でなら、自分は外国人なのだと開き直って話してみよう。話が通じなくても落ち込む必要はない。日本人同士でも100％意思を伝え合うことなど不可能に近い。コミュニケーションとは互いに分かり合うところから始めるのではなく、分かり合えないからコミュニケーションをとるのである。

日常生活に必要な知識を増やす

私は、シアトルに出張で行っているときは、高速道路の料金のしくみや、地下鉄の乗り継ぎ方、コンサートのチケットの買い方、スーパーマーケットのレジではどう並ぶか、どこに何が売っているか、など日常生活に必要な情報をまず積極的に覚えた。

まったく知らないことはいくら説明されても分からない。普段の生活エリアに関係のありそうな情報を集めるのは、日本国内で知らない土地に引っ越しをしたときと同じである。

その他にも、シアトルでは地図や日本語のガイドブックなどを丹念に読み、当時話題になっていた新しい店や流行のモノに関する情報を集めるようにしていた。アメリカ人がよく行く量販店のシアーズや、ファッションブランドのGAPの旗艦店の情報などは『地球の歩き方』で仕入れたものだった。わざわざ英語のガイドブックを読もうとする人もいるが、情報を集めるときは日本語で十分である。

語学力の足りない分は情報量でカバーできる。

共通の話題があれば、会話が増えるし内容も広がり、周りの人たちがどのような言い回しをするのかも分かってくる。そこから、会話のコツを盗めるようになるだろう。

難しく考える必要はない。

たとえば初めて茶道を体験するとき、茶室で交わされる会話の半分も理解できないだろう。見よう見まねでほかの人の動作を真似て振る舞い、会話の前後から何を言っているのかを汲《く》み取ろうとする。未知の世界に踏み込んだとき、自然と人は能動的に情報を得て取り入れようとする機能が働くのである。

臨場感をアップさせて日常会話を習得する

英会話スクールで教わることには限りがある。教室内での授業だと、朝の挨拶の場面、道をたずねるとき、空港で飛行機が遅れているとき、店で洋服を選んでいるときなど、ロールプレイング方式で状況を設定して会話してみても、今ひとつ臨場感に欠ける。その場でしか出てこない言葉というものがある。

実地で使える会話を覚えるのなら、レッスン中だけではなく、普段の生活で自分の頭の中でロールプレイングをしてみるのも、語学が上達する方法のひとつである。

たとえば、会社の廊下で同僚に会ったとき「お疲れ！」と声をかけられたなら、英語なら何て言うのかと想像してみる。あるいは、コーヒーショップで「カフェラテにエクストラショットを入れて、ローファットミルクで」と注文するとき、英語でどう伝えるのかを想像してみる。

その場その場で、どのような単語を使い、どのような表現をするのかを考えることで、会話力はついてくる。ささいなことでもいいので、具体的な状況のほうが臨場感はアップしてより生きた会話を習得できるのである。

ところで、英語を話し出すとキャラが変わる人がいる。英語をできる自分に酔っている人は単なる〝痛い人〟ではあるが、海外に行くときにキャラを変えるのは現地の人に受け入れてもらえるひとつの手段ではある。

日本では、控えめで常に空気が読める人物は好感度が高い。しかし、海外ではマイナス評価になりやすく、優柔不断でつまらない人物だと思われてしまう。日本人から見ると、傍若無人で何にでも積極的に首を突っ込む人のほうが、喜んで受け入れられる。

郷に入らば郷に従えということわざのように、海外では、オーバーアクションで意思表示をハッキリとし、傍若無人キャラに切り替えてみる。何事においても首を突っ込みたがり、よくしゃべり、空気を読まない。手本としては関西のおばちゃんだろうか。

ビジネス英会話は簡単

学生時代のインターンシップなどでビジネス英会話に接したことがある人を除いて、入社してすぐにビジネス英会話を使いこなす新入社員はいない。日本の学校では、ビジネス英会話は教えないからである。

ビジネス英会話については、ほとんどすべての人が社会人になってから勉強を始めることになる。入社の条件にTOEICで一定レベルのスコアを設けている企業もあるが、TOEICはビジネス英会話ではないので、どんなに勉強してもビジネスの実践の場では使えない。

マイクロソフトに入社した際、ビジネス英会話をまったく話せなかった私も、日々の仕事をこなしているうちに上司と英語で会話をし、取引先とは英文メールで交渉をし、英文の契約書を交わせるようになっていた。そこに至るまでに約半年かかったと思うが、その間英会話スクールに通ったわけではないし、第一そんな余裕はなかった。

ビジネス英会話はそのくらい簡単だということである。普通に中学・高校で英語を勉強していれば、誰でも問題なくマスターできる。

ビジネス英会話で使われる英単語やフレーズは限られている。

だから、第一段階として、仕事中の会話によく出てくる英単語やフレーズを覚えることから始める。業種によって、業界内でよく使う専門用語や慣用表現がある。分野ごとに専門用語は違うので、狭く深い英語が必要になる。

たとえば、IT業界では、CRM（顧客管理システム）、Cloud（クラウドコンピューティング、ネット上のサーバーを利用するシステム）、TCO（ハードウエア、ソフトウエア、メンテナンスなどを含めた総管理コスト）、SSL（暗号化通信の規約）など日本語か英語かもよく分からない単語が次々と出てくる。

また、プログラマーなどのエンジニアがよく使うfooやbarなどは、日本語で言うところの「○○太郎」のようなもので、意味のない文字列として使われる。

余談になるが、英語圏での太郎と花子にあたる名前は、BobとAliceである。

専門用語は日常会話に出てくる単語のように無限にあるわけではないので、それさえ覚えてしまえばある程度会話を聞き取れるようになるし、話せるようになる。専門分野の論文と同じで、慣れてしまえばなんでもないのである。

そもそも、仕事で交わされる会話では、文学作品のような凝った表現はしないし、それほど深い内容もない。商品名と数字のほかは、売上、原価、経常利益、人件費など、決まりきった単語ばかりの組み合わせだから、すぐに覚えられる。

たとえ知らない単語がひとつや2つ出てきたとしても、仕事の話なのでなんとなく相手が言いたいことは想像がつく。

メールも同じである。日本のビジネス文書のフォーマットと同じで、ビジネスシーンによって使う文章は大体決まっている。それを応用して使えばいいだけなので、すぐにコツはつかめるだろう。

ビジネス英会話はただの道具だ

ビジネス英会話を習得する第二段階は、実際に話してみることである。

ＥＵの欧州議会では23の公用語が飛び交い、議論がヒートアップすると英語に切り替わることも多い。だが、それでも通訳は必要になる。みな独特の英語で話すので、話が通じないのである。ちなみに、多くの非英語圏議員たちにとってもっとも理解しにくい英語を話すのはギリシャ人でもエストニア人でもなく、イギリス人議員らしい。

国際的な場では、アメリカやイギリスのネイティブな英語よりも、今や非ネイティブの英語のほうが多数派になっている。世界を見渡してみると、英語を母国語とするのはアメリカ人、イギリス人、カナダ人、オーストラリア人くらいである（ただし、オーストラリア人の英語の発音はかなり独特だが）。

多くの物事は多数派に有利になっていく。だから、英語のルールも通じればＯＫという実用主義になり、難しい語彙やネイティブ独特の言い回しを使ったりしないシンプルな「グローバル英語」が台頭してきている。英語が母国語であるネイティブより、非ネイティブに主導権が移っているという面白い構図である（ニューズウィーク日本版２０１１年

5月18日発売号)。

英語が苦手な我々日本人の時代が来た。とは言い過ぎかもしれないが、とにかくビジネスの場でもそれほど神経質になって英語を話さなくてもいい状況にはなっている。だから外国人相手のビジネスでも、発音や文法など細かいことを気にせず、ブロークンでいいから堂々と話せばいいのである。

以前、インド人やアラブ人が何かにつけて「ダラスタン?」「ダラスタン?」と言っているのを聞き、何のことなのかさっぱり分からなかった。後にunderstandなのだと分かり、苦笑した。

しかし、日本人のカタカナ「アンダースタンド」も、「ダラスタン」と同じぐらいの距離で本来の発音からかけ離れているので、カタカナ「アンダースタンド」は「ダラスタン」を決して笑えないのである。

ビジネスの場で英語でやりとりをしているときは、双方が内容を理解して、合意に達するのが前提である。

だから、もし相手が「話を理解していないな」と気づいたら、そのままにされることはないだろう。相手はこちらが理解できるよう、なるべく分かりやすい単語を使い、ゆっくりと話してくれるはずだ。反対に、自分の英語がたどたどしくて発音も悪く、聞き取りにくかったとしても、相手は真剣に、辛抱強く耳を傾けてくれると思う。

ビジネス英会話が簡単だという、二番目の理由がこれである。

仕事で英語を使うのは、そのほうが便利だというだけで、本当はドイツ人もイタリア人も母国語のほうがやりやすい。仕事で使うだけなので、彼らは正しい英語や完璧な英語を目指すつもりは全然ない。そのようなことを気にするのは日本人くらいだろう。

英語は単なるビジネスツールのひとつに過ぎない。形ではなく、中身が肝心である。万一、ビジネスがうまくいかなかったとしても、それはもともと成立するはずのない案件だったのだろう。語学力で仕事の成立が決まるほど、国際的なビジネスの場は甘くはない。

ビジネス英語を英会話スクールで勉強するには、シミュレーションやロールプレイングが頼りになる。ビジネスでよく使われる英単語を覚え、よく交わされるであろう会話を想定して勉強するしかない。

ただし、それが実際に役に立つかどうかは、そのときになってみないと分からないので、過剰な期待をしないほうがいいだろう。野球でもゴルフでも、素振りが上手い人が、必ずしもボールを打つのが上手いとは限らないのと同じことである。

ビジネスでは英会話力よりマナーが大事

英会話スクールではなかなか教えてくれないのが、言葉のニュアンスである。

日本語の「米」と「ご飯」のように、英語でも辞書を引くと同じ意味の単語でも、微妙に違うニュアンスを持っている単語は数多くある。

たとえば、相手の話が分からなかったとき、英語圏の人を相手に“Repeat please.”など乱暴な聞き返し方は絶対にしてはいけない。英語の教科書には例文が載っているので正しい英語だと思われがちだが、ネイティブ感覚ではかなりぞんざいなニュアンスになる。日本語にすると「何つったの？　もう1回言って」という感じで、コンビニの店員に何か言われ、聞き返すときなどによく使われる。たとえば交渉の場などで使ってしまったら、相手は不快感を表すだろう。

好ましい聞き返し方としては“Excuse me?”や“Pardon?”などがある。

このようなちょっとした会話の作法のほうが、ビジネスの場では重要である。それさえ押さえておけば、発音が上手いか下手かなどたいした問題ではない。

アメリカ人のボスと仕事をする場合は、アメリカ流の機微を覚えることも必要になる。

アメリカの企業では、日本に比べて上司が強力な権限を持っている。そのために、驚くほど露骨なゴマスリ合戦が繰り広げられる。ボスの誕生日に花束を贈るのは当たり前であり、ボスの奥さんの誕生日にはさらに豪華な花束を贈らなくてはいけない。歯の浮くようなお世辞を言う、ボスのネクタイや時計をおおげさに褒めるなど、必死でボスのご機嫌をとるのがビジネスマンの日常である。

アメリカは自由でフランクな国と思われているが、ビジネスの世界は、ボスの機嫌を損ねたら出世できないどころか、即クビになることもある理不尽な場所である。閉鎖的な日本企業のほうが、実はまだマシなのである。

そして、やっかいなのが独特な「敬語」である。敬語は日本語でも使い分けるのは難しいが、英語ではそれに輪をかけて難しい。

休暇を取りたいという場合、"I wanna take vacation next week?"（来週休暇をとりたいんですが）などと率直に聞く部下はまずいない。

もっと婉曲《えんきょく》な表現で"You have any problem if I take vacation next week?"（もし私が来週休暇をとったら何か支障がありますか?）と聞くのが常識である。まるで王様相手に話す家臣のようなへりくだりぶりである。

こうした敬語表現は、英語の教科書や英会話集には載っていないので、ビジネスの現場で学んでいくしかない。

私も最初の年は、アメリカ人の営業マンが顧客に接するときの物腰や言葉遣いを注意深く聞いていた。ときには会議の内容はそっちのけで観察していた。

たとえば、コーヒーを出すとき "You like coffee?"（コーヒーをお飲みになりますか？）といえば十分のところを "Would you mind if I serve you a coffee?"（私がコーヒーを出したらあなたは気になさるでしょうか？）と言うのである。日本語に訳したら噴き出しそうだが、これが最低ラインの敬語なのだという。

アメリカ人は偉い人の前では徹底的にへりくだり、意向を聞く場合は「Yes」ではなく「No」と言わせるように質問をする。それがビジネス界の敬語の鉄則であり、出世には欠かせない技術なのである。

だが、私も同じような敬語を使っていたかといえば、そうでもない。

持って回った表現そのものがこそばゆい感じがしたし、外国人がそこまでやるのは奇妙に思えて、どうしても真似をする気になれなかった。私は外国人だと決め込んで、ほどほどに敬語を使っていた。

「ビジネス敬語文例集」なるものがあったら、きっと売れるに違いない。少なくとも、マイクロソフト時代の私なら飛びついて買っていたと思う。

ビジネスメールはさらに簡単

アメリカのビジネスでは、ミーティングの後はメールや書面で打ち合わせや交渉の内容を確認する作業をするのが一般的だ。もちろん英文である。

最終的な契約書を交わす前に、双方が合意したポイントの確認をするためである。これで絶望的な失敗は回避できる。会話の中で誤解があった部分を解消することもできるだろう。

ビジネス英会話と同様、ビジネスメールも難しいものではない。

一般に、ビジネスメールはシンプルな文章が好まれるので"Where"や"When"などの関係副詞を使ったメールは、一度も見たことがない。

大抵は"Windows sell well""Revenue is 5,000,000"というように、むき出しの英単語が並んでいるだけなので、楽に読めるし、誰でも理解できる。

また、アメリカでは一昔前テレックスが普及したために、通信文はなるべく短くするテレックス文化が残っている。テレックスは3文字ごとに通信料を課金するシステムだったので、"Thanks"は"TIX"、"Please"は"PLS"、"Quantity"は"QTY"など、使用頻度の高い英単語は略語にして使われることが多い。

この名残は現在もあり、メール中にも混在する。

つまり、文法通り畏《かしこ》まった文章を書く必要はなく、むしろいかに短く、簡潔な文章でやり取りするのかがポイントなのである。この点は、日本のビジネスメールよりはずっと楽だろう。話が通じればいいという合理的なアメリカ人らしい考えである。

一般英会話の習得法

前述したように、英会話は「日常英会話」「ビジネス英会話」「一般英会話」の3つに分けることができるが、もっとも難易度の高いのが一般英会話である。

私自身の経験では、ビジネス英会話には約半年、日常英会話をマスターするのに2～3年かかった。パーティなどの席で、ちょっと気の利いた会話が苦労せずにできるようになったのは、5年くらい経ってからだったと思う。

アメリカでは、仕事がらみのイベントや何かの記念日などでパーティに招待されることがよくある。そういう席では、商品や売上などビジネスの話題はあまりしない。むしろ、仕事の話は挨拶程度で切り上げて、時事ネタや趣味の話、最新のニュースなどの話題で盛り上がる。

私がアメリカに通うようになってから数年間は、ドイツ人やフィンランド人とばかり話していた。彼らも、私と同じくネイティブスピーカーではないので、英語に自信がある人ばかりではなかった。

そういうときの共通の話題といえば、男同士なら女性の話、サッカーの話、アメリカ人の悪口と相場は決まっている。お酒の量が進むごとに下ネタが増えるのも万国共通である。

パーティ会場の隅のほうで、お互いにたどたどしい英語だったが、話の内容は理解できたし存分に楽しめた。

さて、日本でどのように一般英会話を学べばいいのか。

よほどいい先生にめぐり会うか、よほど特殊な環境に置かれない限り、日本にいながら一般英会話を身につけるのは不可能である。アルコールが入ってややリラックスした雰囲気の場では、一般的な辞書に載っていないスラングやイディオムばかりが飛び交っているので、少しは英会話に自信がある人でも最初は面食らってしまう。そのような単語や会話は英会話スクールでは絶対に教えてくれない。アメリカのテレビでも消されてしまうかもしれない。

最新の話し言葉を集めた英会話集や辞書などないし、言葉は目まぐるしく変化するものなので、ひとつの言い回しが1~2年後にも通用するかどうかは分からない。

もしスラングやイディオムに触れたいのなら、ギャングが出てくるようなハリウッド映画や、アメリカのＰＴＡがもっとも子供に見せたくないアニメ番組『サウスパーク』を観れば、その一端はうかがえる。

ただし、普段は絶対にＮＧの言葉であるので、取り扱い注意である。

哲学や思想などの高尚な話をするには、英語力以前に自分の思考の下地ができていないといけない。それは第5章で紹介した本を読み、ぜひ思考を磨いて欲しい。

手持ちの駒を効果的に使え

英単語やイディオムを覚えればいいとはいうものの、覚えられる数には限界がある。だからといって、すべての英単語を知らなければ会話ができないというわけでもない。それは、どの言語でも同じである。

テレビ番組などで同時通訳をやっている人を見ていると、ネイティブの人が長々と話していても、通訳の人は一言だけで終わり、「え?」と思う場面があるだろう。同時通訳では、細かい部分は端折《はしよ》っても、話の大筋が分かるように通訳する。一つ一つの単語を訳すのが目的ではなく、話の内容を伝えればいいので、それで十分である。

自分の考えや思いを表現するために、限られたボキャブラリーの中からどの言葉を選び、どう表現するかを工夫しなければならない場面が多々ある。普段日本語でしていることを英語でもするだけの話だが、自然にできるようになるわけではない。普段から意識的にトレーニングをすることで、だんだんうまくできるようになる。

たとえば「彼女のこと、どう思う?」と聞かれたとき、

「聡明《そうめい》でチャーミングだし、とても感じがいいと思う。美人というわけじゃないけど、話

題が豊富で周囲の人を飽きさせない素敵な女性だと思うよ」

こんなふうに答えたかったとしよう。

しかし、「聡明」や「感じがいい」という英単語を思いつかなかったら、どうするか。

まずは聡明に似ている単語を思い浮かべてみる。たとえば「賢い」「明るい」「頭がいい」「するどい」など。英単語にできそうなものがあれば、それを使えばいい。

思い浮かばないときは、「バカではない」「暗くない」など、否定形にすることで突破口がつかめる場合もある。

全部を説明するのが無理なら、「彼女は賢くて、おしゃべりが上手。いい人だと思う」と縮めて言ってみる。それも難しいなら、要約すればいい。

「She is very cute.」この一言で、言いたいことはある程度伝わる。それでも足りないなら、「She is clever.」など、思いつく単語を並べてみる。

難しい単語を列挙するより、簡単な単語を使ってシンプルな話し方をする人は、むしろ知的で好ましい印象を与える。

オバマ大統領のスピーチがいい例である。彼は、意識的に難しい言葉を使わないようにしているはずだ。

大統領選挙前の合言葉だった「Yes we can.」をはじめ、「One people, one America.」「Change has come to America.」などのシンプルで、印象的な表現が多用されていた。それも繰り返し使うのがポイントである。

２００８年11月にシカゴで行なわれた大統領選勝利演説から抜粋した文を見ていただくと、誰にでも分かりやすい言葉を、短いセンテンスでつないでいることが分かる。

「It's been long time coming; but tonight, because of what we did on this day, in this election, at this defining moment, change has come to America.」

さらに、we を多用し聴衆の共感を高めながら、絶妙な間の取り方で聴衆を引き込んでいく。日本の政治家も、これぐらいスピーチに長けているのなら、メディアや国民からバカにされることもないのかもしれない。

やたらと難しい言葉を並べているとかえって底の浅い人間に見える。実際、難しい言葉を知っているだけで、話してみると中身は空っぽという人は多い。

難しいことや複雑なことを難しく話すのは、実は簡単である。難しいことを簡単に話せる人は相当頭がいい。

たとえば心理学者の河合隼雄《かわいはやお》は『こころの処方箋《しょほうせん》』という著書で、「嘘は常備薬、真実は劇薬」、「耐えるだけが精神力ではない」など、心理学という専門的な分野を分かりやすく簡単に説明している。

それもひとつの才能であり、誰にでもできるものではないのである。

海外に行くときは鉄板ネタを仕込んでおく

海外のパーティなどの雑談で、外国人から「面白そうな人だな」と興味をもってもらうには、自国の文化や歴史をどれほど知っているかによって決まるといっても過言ではない。その国の政治や経済、流行のテレビ番組についてある程度情報を仕入れておくのも大切だが、それ以上に、その場では日本代表になっているのだという自覚をもっておいたほうがいい。外国人からはそういう目で見られている。

だから、「日本の文字は何個あるのか」「日本人にとって天皇とはどのような存在なのか」など、日本語であっても答えられないような質問を容赦なく投げかけられる。こういう場合は正解を答えようとするより、自分の考えを述べられるかどうかが重要である。

また、必ず外国人にウケる鉄板ネタを、あらかじめ用意しておくとよい。

茶の湯、能や歌舞伎、刀、着物、武道といった日本文化は鉄板ネタである。欧米のエリートは禅や日本の伝統芸能などに興味を持っている人も多いので、下手をすると日本人より詳しい人もいる。知らないでは済まされないので、広く浅くでもいいので知識を身につけておくべきである。

ところで、アメリカ人は「一番ネタ」が好きである。一番古い、一番大きい、最初にしたなどのエピソードは、ウケるネタの代表格である。

だから『源氏物語』について説明するときに、「世界で一番古い小説が何か知っているか？　日本の『源氏物語』なんだけど、実はストーリーがすごいんだよ」と始めれば、相手は「え？　なになに？」と耳を傾けてくれるだろう。世界最古の小説は、一人の色男が数十人の女性との恋愛関係に奔走する官能小説で、しかも2000ページを超える長編だと話し出すと「えーっ！」という感じで食いついてくる。『古事記』も衝撃的かもしれない。なにしろ、日本という国土は神様がまぐわって誕生したという設定なのだから。その衝撃的な内容ゆえに、学校でもあまり教えないと多少ホラを吹いておけば、アメリカ人は興味津々になるだろう。

印象に残る日本人になるためには、ほかの日本人があまりしないような話題を用意しておくに限る。

それでもネイティブに近づきたいなら「パラレル発音法」を

どうしても発音にこだわるなら、やはり繰り返し練習するしかない。

実は、私もこっそり練習した。ただし、これは実用というよりは趣味の領域なので、実用だけで十分という人は発音は気にしなくてもいい。

私のやり方は、まず、アルファベットの発音から始めた。通勤の車の中で「A、B、C、D、E、F」とZまで、一つ一つ順番に発音の練習をした。「A」は「エー」ではなく「エイ」、「B」は「ビイ」と発音記号を意識しながら声に出して練習をした。中学校の最初の英語の授業で習った記憶もあるが、とうの昔に発音の仕方など忘れてしまっている。発音だけ半年くらい繰り返し、すべてをきれいに発音できるようになったら、今度はアルファベットを早口で発音する練習をした。これだけで、かなり発音がよくなったと思う。

その次は、発音が難しい単語にチャレンジした。日本人が苦手といわれている「l」と「r」、「s」と「th」を含む単語を10個ほどピックアップして繰り返し練習した。

中でも、とくに難しかったのが「parallel」である。

最初は発音記号に忠実に、ゆっくり、一音一音、発音する。正しく言えるようになったら、少しずつスピードを上げる。最後は「ポール」に聞こえるくらいになるが、ネイティブには「パラレル」ときっちりした発音で聞こえるようになっている。

「parallel」をマスターするのに約半月かかったが、その後は「l」と「r」で苦労しなくなった。目からウロコの経験だったので、私はこれを「パラレル発音法」と呼んで喧伝《けんでん》している。

その他、同じ方法で「enthusiastic」なども練習した。

正しく発音できているかどうかは、テレビやラジオの英会話講座で確かめられる。

ある程度きっちり発音できるようになってから、アメリカに出張したときに、ボストン出身の人の話し方を真似て練習してみた。

当時、マイクロソフト社にはボストン生まれでハーバード大学出身者が多かった。彼らの話す英語には、東海岸出身者特有の訛《なま》りがあったが、それがなんとなくカッコ良かったのである。

日本語に方言があるように、英語にも地方によって訛りがある。たとえば、キングズイングリッシュやクイーンズイングリッシュでは「r」の音が弱く淡々として聞こえるが、西海岸は「r」の音を強く発音する。東海岸はその中間という感じである。

「ここはシアトルだけど、お前はボストン出身か？」と聞かれたくらいだから、かなり正確に真似できていたのだろう。

どんなふうに英語を話したいかの具体的な手本があれば、それを真似て練習すればいいのでモチベーションもあがる。海外の好きな俳優や歌手の話し方を真似るのも訓練になるだろう。

余談になるが、今私はイギリス貴族風の話し方をマスターしようと密かに企《たくら》んでいる。お披露目する機会はないかもしれないので、完全な趣味の世界である。

繰り返し練習するのが基本

書店に行くと「○週間で英語が話せるようになる」「一日○分間で英語が身につく」といった類《たぐ》いの本が目白押しである。しかし、私のまわりにはその手の本で英語が話せるようになった人はいない。

英語に限らず、語学の習得には、それなりに地道な努力が付きものだと覚悟しなければならない。

英語の練習法のひとつにシャドーイングというものがある。パラレル発音法と同じく、これも地味な練習法だが効果はあると思うので紹介しておこう。

シャドーイングは、英語を聞きながら、0・5秒遅れくらいに発音していく練習法である。CDなどで読み上げられる英語を聞きながら、同時には難しいので、後追いするような感じで声に出す。「一文を読み終わってから繰り返せばいいのでは？」と思うかもしれないが、それでは全文を暗記しなければならないので、発音に集中できない。

シャドーイングは聞くことに集中するのが基本である。そして、聞いたとおりに発音する。歌詞を見ずに好きな曲を覚えてカラオケで歌うような感覚で、言葉と節回し（発音）

を覚えるのである。繰り返しシャドーイングをするうちに、アクセントのつけ方や文章のリズムもつかめるようになる。

ある一定の長さの文章を、途中で止めないで声に出していくのだが、初めのうちはもごもご言うだけで終わってしまうだろう。聞き取れないものは発音できないし、自分で発音できないものは聞き取れない。かなり集中して聞かないと同じように発音できないので、ヒアリングの力がかなりつく練習法である。

ただし、いきなり最初からシャドーイングをするのは難しいので、まずはテキストを見て、内容を理解した上でシャドーイングを始める。慣れるまではテキストを見ながら発音しても構わないが、慣れてきたらテキストは見ないようにする。シャドーイング用の教材もあるようだが、基本的にはテキストと音声があれば何でも構わない。

シャドーイングは同時通訳の人たちのトレーニングとしてメジャーになった方法であり、かなり実践的なので、興味のある人は試してみるといいだろう。英会話スクールより効果があるかもしれない。

なぜ恋愛とケンカは語学学習の王道なのか

英語学習法の最後の項目で、恋愛とケンカ。拍子抜けする人もいるだろうが、恋愛とケンカは究極のマンツーマンである。

実は、語学は女性より男性のほうが上達するのは遅い。

それは単純に話す量が違うからだろう。一般的に男性同士はそれほどおしゃべりをしない。アフター5に居酒屋で愚痴を言い合っているビジネスマンもいるが、それは酒の力を借りておしゃべりになっているのである。女性はしらふであっても、他愛のない会話を何時間もできるので、圧倒的に話す量が違う。語学は話さないと上達しないので、寡黙《かもく》な男性より、話し好きな女性のほうが上達するのは速いのである。

しかし、男性も恋愛になると、会っているときはもちろん、電話やメールでも、あの手この手でアプローチを試みる。相手が外国人の女性であれば、自分の持てる限りのボキャブラリーを駆使して話しかけ、ボディランゲージも交えながら意思の疎通を図ろうとする。相手から断られても食い下がるの繰り返しで、自然とマンツーマンで語学を指導されているような状況になり、一気に語彙も増える。

だから、英語圏出身の好みの女性を見つけてアプローチするのは、もっとも英語が上達する近道である。

そして女性とつき合えば、必ずケンカもついてくる。これは避けては通れない道であり、とくに異国の人と一緒にいると価値観の違いからぶつかりあう回数は多いだろう。ケンカは互いに主張しあい、落としどころを見つけるという、ビジネスの交渉に近い場面でもある。相当ハイレベルの語学力が身につくはずである。

恋愛やケンカで言葉が上達するのは、感情が裏側にくっついているからである。相手にぶつけたい感情がたくさんあり、それを言葉で表現しようと懸命になるから、言葉を覚えるし、言い回しも工夫する。それはコミュニケーションの基本である。

しかし、実際にはすぐに女性とつき合うわけにいかないので、とりあえず友達とハワイにでも旅行に行き（六本木でもいいが）、女性に片っ端から声をかけてみよう。

女性に声をかけたきり、後はだんまりというわけにいかないので、英語が下手でも何かを話すしかない。こういうチャレンジと、どこにも逃げられない状況によって語学力は鍛えられる。実は、恋愛とケンカは奥が深いコミュニケーションの訓練の場なのである。

相手に伝えたいという思いが強ければ強いほど、少ないボキャブラリーの中から必死に言葉を探し出そうとする。そのときは通じなくても、その次のときは負けていられないと、口説き方や抗議の仕方を覚える。当たり障りのない会話で使う言葉より、切羽詰まった場面で使う言葉のほうが、速攻で覚えられるのである。

以上、英語をまともに勉強してこなかった私の、「成毛流英語学習法」をご紹介した。英語が必要な1割の日本人の参考になれば幸いである。

【参考文献】

『発達心理学　ことばの獲得と教育』　内田伸子　岩波書店
『日本人は英語をどう学んできたか——英語教育の社会文化史』　江利川春雄　研究社
（編集部注）本文でタイトルを示している本は省略しています。

一〇〇字書評

切り取り線

購買動機（新聞、雑誌名を記入するか、あるいは○をつけてください）

□（　　　　　　　　　　　　　）の広告を見て
□（　　　　　　　　　　　　　）の書評を見て
□ 知人のすすめで　　□ タイトルに惹かれて
□ カバーがよかったから　　□ 内容が面白そうだから
□ 好きな作家だから　　□ 好きな分野の本だから

●最近、最も感銘を受けた作品名をお書きください

●あなたのお好きな作家名をお書きください

●その他、ご要望がありましたらお書きください

住所	〒				
氏名		職業		年齢	
新刊情報等のパソコンメール配信を 希望する・しない	Eメール	※携帯には配信できません			

あなたにお願い

この本の感想を、編集部までお寄せいただけたらありがたく存じます。今後の企画の参考にさせていただきます。Eメールでも結構です。

いただいた「一〇〇字書評」は、新聞・雑誌等に紹介させていただくことがあります。その場合はお礼として特製図書カードを差し上げます。

前ページの原稿用紙に書評をお書きの上、切り取り、左記までお送り下さい。宛先の住所は不要です。

なお、ご記入いただいたお名前、ご住所等は、書評紹介の事前了解、謝礼のお届けのためだけに利用し、そのほかの目的のために利用することはありません。

〒一〇一－八七〇一
祥伝社黄金文庫編集長　吉田浩行
☎〇三（三二六五）二〇八四
ohgon@shodensha.co.jp

祥伝社ホームページの「ブックレビュー」からも、書けるようになりました。
http://www.shodensha.co.jp/bookreview/

祥伝社黄金文庫

日本人《にほんじん》の9割《わり》に英語《えいご》はいらない

平成25年6月20日　初版第1刷発行

著　者　成毛《なるけ》 眞《まこと》
発行者　竹内和芳
発行所　祥伝社《しょうでんしゃ》
〒101－8701
東京都千代田区神田神保町3－3
電話　03（3265）2084（編集部）
電話　03（3265）2081（販売部）
電話　03（3265）3622（業務部）
http://www.shodensha.co.jp/

印刷所　萩原印刷
製本所　積信堂

　ISBN978-4-396-31613-6 C0195

祥伝社黄金文庫

斎藤兆史
日本人に一番合った英語学習法
話せない、読めないと英語に悩む現代人が手本とすべき、先人たちの「学びの知恵」を探る！

荒井弥栄
ビジネスで信頼されるファーストクラスの英会話
元ＪＡＬ国際線ＣＡの人気講師が、ネイティブにも通用するワンランク上の「英語」をレッスン！

石田　健
ビジネスですぐに役立つ
1日1分！　英字新聞
毎日の積み重ねで、世界の一流ニュースがスラスラ読める。ビジネス英語と時事ネタをもっと手軽に身につける。

小池直己
佐藤誠司
3時間でできる
やり直し中学英語
1ステップ1分！　たった180ステップで、ただ中学の学習をなぞるだけでなくより実用的な英語力が身につきます。

シグリッド・H・塩谷
アメリカの子供はどう英語を覚えるか
アメリカ人の子供も英語をまちがえながら覚えていく。子供に戻った気分で、気楽にどうぞ。

中村澄子
新TOEIC®テスト
スコアアップ135のヒント
最強のTOEICテスト攻略法。基本から直前・当日対策まで、もっとも効率的な勉強法はコレだ！